Máthair an Fhiaigh

The Raven's Mother

Máthair an Fhiaigh
The Raven's Mother

Dairena Ní Chinnéide

Translations by the author

Cló Iar-Chonnachta
Indreabhán
Conamara

An Chéad Chló 2008
© Cló Iar-Chonnachta 2008

ISBN 978-1-905560-27-1

Dearadh: Deirdre Ní Thuathail
Dearadh clúdaigh: Hayes Design
Obair Ealaíne: Michael Travers

 Bord na Leabhar Gaeilge

 Foras na Gaeilge

Tá Cló Iar-Chonnachta buíoch de Bhord na Leabhar Gaeilge (Foras na Gaeilge) as tacaíocht airgeadais a chur ar fáil.

the arts council schomhairle ealaíon

Faigheann Cló Iar-Chonnachta cabhair airgid ón gComhairle Ealaíon.

Clóchur: Cló Iar-Chonnachta, Indreabhán, Conamara
Teil: 091-593307   **Facs:** 091-593362   **r-phost:** cic@iol.ie
Priontáil: Future Print, Baile Átha Cliath 13.

Do Edna Uí Chinnéide
le grá agus meas

Clár / Contents

I
Corca Dhuibhne

Com an Lochaigh	16
Com an Lochaigh	17
Radharc na Súl	18
The Eye's View	19
Spideoigín	22
Robin	23
Sconna Bhealtaine	24
May Dampness	25
Piast Chorráilí	26
The Serpent of Corráilí	27
Deireadh Lae	30
The End of the Day	31
Cuan Ard na Caithne	32
Smerwick Harbour	33
An Claí	36
The Ditch	37
Gallán Eile	38
The Other Gallán	39
Púicín an Chairn	40
Púicín an Chairn	41
Cruach Mhárthain	42
Cruach Mhárthain	43
Béal Bán	44
Béal Bán	45

II
Jeaic

Jeaic ar Scoil	48
Jeaic at School	49
Jeaic ar an dTráigh	50
Jeaic on the Beach	51
Jeaic agus Mam ar an Oileán	52
Jeaic and Mom on the Island	53
Fear Draíochta	54
The Magician	55
An Fathach	56
The Monster	57
Breoiteacht	58
Sickness	59
Ionsaí Aoine an Chéasta	62
Good Friday Invasion	63
Súgradh	64
Playing	65

III
An Tigín / *The House*

Idir Dhá Áitreabh	68
Between Dwellings	69
An Paróiste Nua	70
The New Parish	71
An Taibhreamh	74
The Dream	75
An Tigh	76
The House	77
Tochailt	78
Digging	79

An Bosca 82
The Box 83
1ú Feabhra 84
1st February 85
Domhnach 86
Sunday 87
Sos 88
Break 89
An Chistin 90
The Kitchen 91
Taibhsí an Bhuailtín 92
Ballyferriter Ghosts 93

IV
Gan Ghrá / *Love Without*

An tSreang 96
The Chord 97
Clúid an Ghrá 98
The Covers of Love 99
Imithe 100
Gone 101
Ceangal 102
Ties 103

V
An Turas / *The Trip*

Tonnseoltóirí 106
Surfers 107
Fothain: Rinn na Spáinneach 108
Shelter: Spanish Point 109
Inis Oírr I 110
Inis Oírr I 111

9

Inis Oírr II   112
Inis Oírr II   113
Cuairt ar an gClár '92   114
Trip to Clare '92   115

VI
An Trodaí / *The Warrior*

An Trodaí agus na Beanna   120
The Warrior and the Peaks   121
An Trodaí ag Machnamh   122
The Warrior Contemplates   123
An Trodaí agus Creideamh   124
The Warrior and Religion   125
An Trodaí is an Splanc   126
The Warrior and the Spark   127
Suantraí na Meánmhara   128
Mediterranean Lullaby   129
Titeann an Trodaí as an nGrá   130
The Warrior falls out of Love   131
An Trodaí is na Réalta   132
The Warrior and the Stars   133
An Trodaí agus Oisín   134
The Warrior and Oisín   135
An Trodaí san Oileán   136
The Warrior on the Island   137
Aoine an Chéasta   138
Good Friday   139
Aiteas is an Trodaí   140
Strangeness and the Warrior   141

VII
Ceiliúradh / Celebration

Cuairt na Sí	144
The Fairy Visit	145
Corrthónach	148
Edgy	149
Braistint	150
The Feeling	151
Anáil	152
Breath	153
An Boghadh Síne Gruama	154
Rainbow Gloom	155
Leanaí an Oileáin	156
The Island Children	157
Léinseach	158
Smooth Water	159
Aistriúcháin	160
Translations	161
Líon na Filíochta	162
The Net of Poetry	163
La Coupole	166
La Coupole	167
Tábhairne Aerach	168
Gay Bar	169
Na Teangacha	170
The Languages	171
Bus Saoire	172
Holiday Bus	173
An Mháthair	174
The Mother	175
An Ghaol-Chairt	180
The Company Car	181

An Chailleach   182
The Wise Woman   183
Mo Hata Beag Dubh   184
My Little Black Hat   185
Taise   186
Compassion   187
Tobar Ghobnatan   188
St. Gobnait's Well   189
Samhradh '07   190
Summer '07   191
Ceo Tí   192
House Mist   193
Cíoch na Caillí   194
The Witch's Tit   195
Cogadh na hIaráice i dTigh Dick Mack   198
The Iraq War in Dick Mack's   199
Jake   200
Jake   201
Oíche Spéire   202
Night Sky   203
Tráthnóna Lae Nollag   204
The Eve of Christmas Day   205

VIII
Ag Taisteal san Eoraip / *Travelling in Europe*

Aerfort Strasbourg   210
Strasbourg Airport   211
Am ag Fanacht   212
Waiting Time   213
An tÉan   214
The Bird   215
An Treoraí   216
The Usher   217

An Tríú Lá   218
Day 3   219
Báisteach i l'Homme de Fer   220
Rain in l'Homme de Fer   221
Balbh sa Bhruiséil   222
Dumb in Brussels   223
Béile i Strasbourg   224
A Meal in Strasbourg   225
Bricfeast san Iarnóin   226
Afternoon Breakfast   227
Ilteangachas   228
Multilingualism   229
Place de l'Homme de Fer   230
Place de l'Homme de Fer   231
Rue Barb   232
Rue Barb   233
Sióga Phlás Gutenberg   234
The Fairies of Place Gutenberg   235
Swan Bar   236
Swan Bar   237
Tuirse   238
Tiredness   239
Oíche Dhubh   240
Black Night   241
Grian i Strasbourg   242
Sun in Strasbourg   243
Ag bualadh le Joyce i Trieste   244
Meeting Joyce in Trieste   245

IMAGE I   The Eye's View

I

Corca Dhuibhne

Com an Lochaigh

Binneas an easa sa ghleann
Airde a ghlaoich is ardaíonn an tsúil
Go foinse an chuisle thuas,
Eas bán meidhreach
Ag sileadh la fána go Com an Lochaigh.
Drúcht na maidine féin ina eas
Cith folláin don aghaidh is na cosa.
D'ardaigh an ghrian thar bheann
Is bádh mé lena teas;
Suan an ciúnas ach
Na poirt a sheinneann an nádúr
Aibhnte ag casadh go snasta
Síos tríd an ngleann.
Mistéir fós thiar ansan
Ag foinse na habhann
Na sléibhte is an loch ceilte.
Níl neach anso ach lucht na sí
Is madra rua faireach.
Táim meallta ag an ngleann
Is fáilte a bheanna
Luite leis an nádúr.

Com an Lochaigh

The sweetness of a waterfall in the glen
The height of its call raises the eyes
To the source of the pulse above,
A happy white waterfall
Dancing down the slope to Com an Lochaigh.
The morning dew a waterfall
A healthy shower for face and feet.
The sun rose above a peak
And drowned me in its heat;
Peaceful the quiet but
For nature's tunes
Rivulets meandering happily
Down through the glen.
There is still a mystery
At the source of the river
The high peaks and hidden lake.
There's no one here except fairies
And a watchful fox.
I am intrigued by the glen
And the welcome of its heights
Melted into nature.

Radharc na Súl

Slimide súil' ag sleamhnú síos
Thar ghorta dubha geimhridh
Go líne barra taoide ar thráigh Bhéal Bán,
Leachtmhar, súgach ina rince
Sobalach, sotalach, tréanmhar
A bhí an fharraige is a tonnta,
An tsúil ag oscailt le gileacht na maidine
An corp á ceartú féin leis an radharc
Lán taoide de shíocanailís
Taca san fhéachaint san síos
Ar an dtráigh gheal bhán
Ceartú inmheánach leis an gcóimheá;
Tugann siad cuntas dá chéile
An radharc is an fhaoistin
Dorcha, gruama lá stoirme
Agus loinnireach, lúbach, leanbaí
Lá samhraidh is an ghrian ar lasair.
Lag trá maidin sheaca
Ag tabhairt fuachta isteach id chnámha
An corp ag lorg foscadh na leapan
Clúdaithe le boigeacht an chlúimh
D'fhonn éalú ón mallacht a chaith an lá.
Sníonn imlíne an chuain ina cuimhne
Ar nós fáiscthe óna hathair,
Cosnochta ag sleamhnú thar charraig siar
Go Taobh Bhaile Dháith.
Cumhacht na bhfochaisí thíos
An fharraige ag béiceach ort léimt
Go log na n-uiscí doimhne
Ach b'fhéidir gur labhair Diarmaid
Óna leaba fén mbinn thall

The Eye's View

Snail of an eye sliding down
Across black winter fields
To the high-tide line on Béal Bán beach,
Liquidy, playful in their dancing
The sea and the waves are
Frothy, perky, fierce,
The eye waking to the morning light
Body correcting itself to the view
A full tide of psychoanalysis
And a support in that view
Of the bright white, beach
Internal righting with the whole;
They address each other
The view and the confession
Dark, grey on a stormy day
And sparkling, bendful, childish
On a summer's day as the sun is on fire.
A low tide on a frosty day
Making you cold to the bone
The body seeking the shelter of the bed
Covered with a soft quilt
So as to escape from the curse the day made.
The outline of the bay weaves in memory
Like a hug from her father,
Barefoot sliding back the rocks
To Taobh Bhaile Dháith.
The power of the reefs below
The sea imploring you to jump
To the pool of deep water
But perhaps Diarmaid spoke
From his bed on the other peak

Is gur cheartaigh an tsúil
Borraí croíbhriste ag pléascadh
Gol na n-aonaránach
Is béiceach na bhfaoileán
Á dúiseacht go clagarnach.
Ach inniu tá an ceangal déanta
An fhéachaint síos chun cuain
An anál spioradálta isteach is amach
Is an t-áthas go bhfuil ceann scríbe sroiste,
Daingean le tógaint is le roinnt
Leis an radharc
Ag sleamhnú os comhair na súile.

That the eye corrected
Heartbroken waves bursting
The cry of the loner
And the cries of the seagulls
Waking her noisily.
But today the connection has been made
That glance down to the harbour
A spiritual inhale and exhale
And delight that destination has been reached,
A fort to build and to share
With the view
Sliding in front of your eyes.

Spideoigín

Spideoigín, cá bhfuil do thriall
Ar lá brothallach geimhridh?
An tú scáil m'athar ag táibhsiú dom
Go bhfuil comhluadar agam
Ón saol eile?
Nó i nglór na dtonn
Go bhfuil do choinsias
Ag sodar leis go humhal
Ón dtaobh eile?
Is tú mo ghrian is mo ghealach
Ach ní bhraithim tú fé bháisteach.
Is macalla tú sa ghleann
Is siúlóid tú ar bhóithrín na gcos.
Fan liom, a spideoigín,
Is déanfaimid caint fén dtost.

Robin

Where do you go, little robin,
On a fine winter's day?
Are you my father's reflection
Ghosting to me
That I have company from the other world?
Or in the sound of the waves
Your conscience moves along humbly
From the other side?
You are my sun and my moon
But I don't feel you in the rain.
You are an echo in the glen
Or a walk on a side road.
Stay with me, little robin,
And we'll make conversation
In the silence.

Sconna Bhealtaine

Taiseacht san aer
Deora dé ar gach tor
Tá an ceo go híseal
Go gcuirfeadh sé sconna bán ort
Tá sé tais.
Tá potaí gan ghliomaigh
Le hais falla na céibhe
Sreangáin imithe leis na ngaoth
I gcuan Smerwick.
Potaí a ligeadh le sruth
Roimis scairbhín na Bealtaine.
Cé réiteodh gairdín
San aimsir ghránna seo?
Taiseacht san aer
Is deora dé ar gach tor.

May Dampness

Dampness in the air
God's tear on every bush
The mist is low
It'd make you sick
And it's damp.
There are pots without lobsters
Near the pier wall.
Strings gone with the wind
In Smerwick harbour.
Pots gone to ground
Before the rough days of May.
Who will fix the garden
In this rotten weather?
Dampness in the air
With God's tears on every bush.

Piast Chorráilí

Tháinig Piast Chorráilí chugham i dtaibhreamh
Is do thuigeas a briathar,
Sionnach faireach ar thaobh an tsléibhe
Anuas ó Chnoc na Cathrach
Sular imigh sé de gheit
Leis an scéal a chraobhscaoileadh:
Bhí an Phiast amuigh fén mbáisteach
Ag labhairt le daonnaí.
Ní raibh cuma chomh scanrúil sin uirthi
Seachas tromluí m'óige
Go léimfeadh sí amach de gheit
Is go n-íosfaí mé.
Chíonn mo mhac Piast Chorráilí
I ngach aon log uisce
An mhiotaseolaíocht
Is bíonn sé ag aithris an scéil
Ach seo mé ar thalamh portaigh
In aice an locha
Sliabh ar gach taobh díom.
Is chualathas an glór
Istigh i gCom mhór an Lochaigh
Bhí sí ag fáil bháis
Chaithfí na scéalta a aithris
Nó gheobhadh sí bás
D'fhéachas le grá ar an bPiast
Ag olagón sa bhogbháisteach
Is do gheallas di
Go scaipfí an scéal
D'ardaigh an loch
Chomh hard leis an gCnoc
Is thum sí í féin síos

26

The Serpent of Corráilí

The Serpent of Corráilí came to me in a dream
And I understood her words,
A fox watchful on the side of the hill
Down from the Hill of Cathair
Before he left abruptly
To spread the word
That the Serpent was out in the rain
Talking to a human.
She didn't look so scary
Unlike my childhood nightmares
That she'd leap out suddenly
And eat me.
My son sees the Serpent of Corráilí
In every puddle
Mythology
And he tells the story
But here I am in boggy land
Beside the lake
A hill on either side of me.
And the noise was heard
In Com an Lochaigh
She was dying
The stories had to be told
Or she would die
I looked lovingly at the Serpent
Keening quietly in the rain
And I promised her
That the story would spread
The lake rose
As high as either hill
And she immersed herself

Chiúnaigh an t-uisce
Is do dhúisíos de gheit sa leabaidh
Ag déanamh mo mhóid.
Cén lá a chuaigh Cuán lena mhac ó Chill Chuáin
Le corcán trom ina láimh
Is nuair ná tógfadh an Phiast a mhac óna lámha
Do bhuail sé ceann na Péiste
Is d'imigh abhaile.
Lá arna mháireach d'ardaigh an Phiast a ceann
Is d'fiafraigh de Chuán cathain a thógfadh sé
De an corcán.
"Bainfead díot é Lá an Luain,"
Arsa an fear.
"Is fada an lá go Lá an Luain, a Chuáin,
In uisce fuar neamhfholláin.
Mura mbeadh an corcán seo a chuiris ar mo cheann
D'íosfainn trian agus leath an domhain."
Macalla a bhí i mbeola an tseanchaí
Ar bhriathra m'athar is mé óg;
Suite ansan sa leabaidh
Bheireas greim ar an smaoineamh
Is taibhsíodh dom an Phiast ina beathaidh:
Draíocht ag eitilt sa cheo
Scéalta ag sruthlú síos le fána
Ní gá Jung le breithiúnas a thabhairt
Is ón bhfuil is ón gcnámh
A tháinig na scéalta.

And the water quietened
I woke with a start in bed
Making my vow.
One day Cuán walked with his son from Cill Chuáin
With a heavy pot in his hand
And when the Serpent refused to take the wretched boy
He hit the Serpent on the head with the cauldron
And carried on home.
Tomorrow dawned and the Serpent raised her head
And asked Cuán when he'd take the pot from her head.
"I will take it on Neverday Monday,"
Said the man.
"It's a long way to Neverday Monday," said the Serpent,
"In cold unhealty waters
If it were not for the cauldron on my head
I'd eat a third and a half of the world."
The storyteller's mouth was an echo from my youth
And the words of my father when I was little;
Sitting there in the bed
I caught the thought
And imagined the Serpent alive:
Magic flying away in the mist
And stories flowing down slopes
There is no need for Jung to assess
Because it's from the blood and the bone
The stories came.

Deireadh Lae

Scamaill leathchrochta ar an gcuan
Le dul faoi na gréine i mBaile na nGall
Brothall an tsamhraidh i réim
Le bricíneach gnúis' is donnghréin.

Scamaill leathchrochta ar an gcuan
Is ceo na dtaibhsí ar bóiléagar
An cuan ar lasair le samhradh
Na beanna is na fochaisí
Suaite le teas is ceol.

Scamaill leathchrochta ar an gcuan
Na leanaí gliondracha sna borraí
Is suan ciúin ar an ngaineamh
A bhí breac le coisíní an lae.

Tá mealladh is draíocht sa radharc
Folaithe sa chuan meidhreach.
Beannachtaí na gréine ar an lá
Is na púcaí ar fóraíl.

The End of the Day

Clouds half hanging on the bay
At sunset in Ballydavid
Summer sultriness commands
With freckles and brown sun.

Clouds half hanging on the bay
And the ghosts' mists reckless
The bay alight with flames
The peaks and reefs
Agitated by warmth and music.

Clouds half hanging on the bay
The joyousness of children in the waves
And sand – quiet peace
After the little feet of day.

The sight magical, enticing
Hidden in the happy bay
The sun's blessing on the day
And ghosts wander.

Cuan Ard na Caithne

Tá íor na spéire ina lasair agus an oíche ag druidim
Idir Bhinn Diarmada agus an Charraig Dhubh
Tráth ar ghaibh an Lochlannach isteach sa chuan
Is a bhaist Bá an Ime uirthi uair dá raibh.

Meallann an radharc an tsúil
Is insítear scéal a huiscí geala is a failltreacha maorga
Uair a chuaigh an *Ben Nevis* síos ar Charraig Chiaráin
Is fós tá glór chloigín an árthaigh le clos i séipéal Dhún
    Chaoin
Ag fágaint rian de bhriseadh na loinge ar fhochais sa
    chuan.

Síos go grinneall a chuadar, long ar long
Ag tabhairt flúirse den raic isteach ar na paróistí
1850 is an *Medusa of Sunderland* a loiteadh ar an dTeampall
    Bán
Bliain árthach na cruithneachtan a tugtaí ar an mbliain sin.

Lonraíonn draíocht ó Bhinn Diarmada thall
Ag faire ar an dúthaigh le huaisleacht daonnaí
Thíos féna chois atá Leaba Dhiarmada
Ar chaith Diarmaid agus Gráinne oíche ar leac
Is iad ar teitheadh ach fuaireadar foscadh i gCuan Ard na
    Caithne.

Thall mar chompánach tá Túr Bhaile Dháith
A ndeirtear fúithi go raibh fuil an chamail idir chlocha inti
Is Sasanaigh ag neartú túir faire go hard
Seasann sí fós ar leathchois
Sracadh na gaoithe á leagadh is an t-am ag creimniú

Smerwick Harbour

The line of the sky is aflame and night approaches
Between Binn Diarmada and An Charraig Dhubh
Where once a Viking came into the bay
And named it Bay of Butter once upon a time.

The view seduces the eye
And its stories of bright waters and majestic cliffs
When once the *Ben Nevis* wrecked upon Carraig Chiaráin
And the sound of the vessel's bell can be heard in Dún
    Chaoin church
Leaving a trace of the wrecking of the ship on a reef in the
    bay.

Down to the bottom they went, ship after ship
Bringing a plenty of wreck to the parishes
1850 and the *Medusa of Sunderland* went down in Teampall
    Bán
The year of the vessel of the wheat they called it.

A magic flows from Binn Diarmada
Watching the surroundings with a humane grace
Down at her feet lies the Bed of Diarmaid
Where once Diarmaid and Gráinne spent the night on a
    slab
As they fled but sought refuge in Smerwick Harbour

Over as a companion is Túr Bhaile Dháith
About which it was said that a camel's blood bonded its stones
As the English strengthened their watchtowers on high
She still stands on one leg
The tearing of the wind knocking her as time erodes.

Tá an oíche titithe is na síghlórtha ag dúiseacht
Chím rian Bhinn Diarmada is Túr Bhaile Dháith
Is Cuas na Ceanainne is Cnoc ard Bhréanainn
Ag seasamh go daingean le hais an chuain,
Is i mBaile na nGall tá iascairí ag baint lá aisti
Ar thóir na mbreac is na ngliomach is na bpiardóg
Go luíonn siad ar ancaire i bhfoscadh an chuain
Sula dtéann siad níos doimhne amach ó alltacht na
   bhfailltreacha.

Night has fallen and the fairy sounds awake
I see the outline of Binn Diarmada and the Tower
Cuas na Ceanainne and high Mount Brandon
Standing like a fortress against the bay,
And in Ballydavid they make a day's living
Seeking the fish and the lobster and crayfish
Till they lie on their anchors in the shelter of the bay
Before they leave the calm at the mouth
And seek deeper waters from the fierceness of the cliffs.

An Claí

Siúd liom ag rothaíocht
Mo *bhicycle* compordach fé mo thóin
Is an lá bog.
Chím ualach de shailchuacha ar an gclaí
Pléascán corcra i mo shúile,
Timpeall an chasaidh
Is tá sabhaircíní buí
Ag miongháire go meidhreach
Is buí eile an arcáin
Ag fógairt an earraigh;
Na cosa ag puimpeáil
Go réidh dícheallach
Iontas ag gach casadh
Cairteacha ag zúmáil tharam
Dall ar mo cheiliúradh
Mar a gcasaim cúinne eile
Ar lasair le haiteann
Is sceacha ag crochadh.
Sroisim Tigh Bhric
Is ceannaím blúiríní,
Bainne, arán is siúcra,
Isteach sa mhála droma
Is siúd arís liom
Faoi ghliondar ag na clathacha
Is an méid a fhógraíonn siad
Go dtí go sroisim an Buailtín.

The Ditch

There I go cycling
My bike comfortable under my bum
And it's a soft day.
I see a clump of violets on the ditch
A burst of purple for my eyes,
Around the turn
There are yellow primroses
Smiling cheerfully
And then the other yellow of the celandine
Proclaiming spring.
The legs are pumping
Solidly, dutifully
A wonder at every turn
Cars zoom by
Blind to my celebration
As I turn another corner
Ablaze with furze
And hanging briars.
I reach Tigh Bhric
And buy my bits and pieces,
Milk, bread, sugar,
Into the rucksack
And on I go again
In awe of the ditches
And what they proclaim
Until I reach Ballyferriter

Gallán Eile

Trí ghallán seasta
In Arda Mór Lios Póil
Tráthnóna Domhnaigh
I bhfochair d'iarleannáin
Is do mhic.
Cóirithe i dtreo an tsolais
Ag daoine ársa
Ceann dúinn araon
Is ansan
An gallán thall
Seasta ina aonar –
An bhean eile.

The Other Gallán

Three *galláns* standing
In Arda Mór Lios Póil
On a Sunday afternoon
With your former lover
And your son.
Placed towards the light
By ancient people
One for each of us
And then
The other standing stone
On its own –
The other woman.

Púicín an Chairn

Púicín an Chairn
Ar bharra sléibhe
Is cosa Dé
Ag líobadh na farraige thiar
Leac ar leac curtha
Is pluaisín istigh
Fé dhíon cloiche,
Monabhar na gaoithe
Isteach ó bhéal na pluaise
Is grianán amuigh
Nuair a scoilteann scamall thuas.
Táim ar bís le hársaíocht;
Thuas ar an ard
Tá radharc ar an imeall thall
Ar naimhde ag teacht
Is gutha na sí abhus.
Déanaim guí leis an bhfuaim
Ag meilt isteach san fhoirfeacht ó dheas.
Na ceithre hairde
Ó Phúicín an Chairn
Is dúnaim mo shúile san aoibhneas.

Púicín an Chairn

Púicín an Chairn
On a hill top
And God's legs
Licking the horizon to the west
Rock on rock placed
And a cave inside
Under a roof of stone,
The murmuring of the wind
Coming in the mouth of the cave
And a sun spot outside
When a cloud breaks to the north.
I am bright with ancient lore;
Up on high
A view from the easterly edge
Of the enemy's arrival
And the voices of the *sí*.
I pray to the sound
Moulding in the perfection of the south
The four corners
From Púicín an Chairn
And I close my eyes in their beauty.

Cruach Mhárthain

Fána na gcnoc
Lá gréine um Cháisc
Loinnir san uisce
Is gaoth bhog ag séideadh.
Bád an oileáin ar a chéad turas
Is leanaí na háite
Ar bharra Chruach Mhárthain.
Níl an scairbhín ag séideadh fós
Is na beacha ag cur túis
Le biaiste an tsamhraidh.
Cloisim macalla mo mhic
Ó bharr an tsléibhe –
Mionnán gabhair
Ag pocadaíl le háthas
I dteannta a mhuintire,
Is mise caite ar aiteann an chosáin
Nach mór ann
Ach i gcónaí ar an imeall.
Fanfad leis an fhaid is
Go leanann an taobh tíre
Ag cur foclaibh im bhéal
Gan peann ná páipéar
Ach fón póca.
Breacaim mo smaointe sa téacs
I dtaisce sa chuimhne
Is an ghrian ag cur
Breicneach ar mo ghnúis
Ag éisteacht le scairdeitleán eile
Ag tógaint chiúnas Chorca Dhuibhne
Trasna an Atlantaigh.

Cruach Mhárthain

Mountainside on
A sunny Easter day
Sea glistens
And a quiet wind blows.
The island boat is on its first trip
And local children
On the top of Cruach Mhárthain.
The *scairbhín* wind isn't blowing yet
As the bees begin
The summer season.
I hear my son's echo
From the top of the hill –
A kid goat
Pucking with delight,
And I thrown on the heather
Beside the path
Nearly there
But always on the edge.
I'll stay with it as long as
The view puts words in my mouth
Without pen or paper
Except a mobile phone.
I jot my thoughts in text
Stored in memory
As the sun puts
Freckles on my face
Listening to another jet
Taking the quiet of Corca Dhuibhne
Across the Atlantic.

Béal Bán

Cling na báistí ar fhuinneog na cairte
Is an ghaoth ag osnaíl go trom
Briseann na tonnta bána lán cumhráin
Is béal an chuain ina rince fiochmhar
Scéitheann an ghrian í féin ar thonnta
Is gaineamh ina rith rás leis an ngaoth:
Gile an fhómhair ar an dtráigh
Seachas laige gréine an gheimhridh.
Pléascann clóca bán ar an gCarraig Dhubh
Mar a ardaíonn tonn a cosa
Ceo gainí ar an dtráigh
Mar a léimeann gráinní i dtreo na gaoithe
Fáisctear an chumhacht i do chuisle
An fhaid is atá tú ag siúl na trá
Glanadh, athbhreith sa tonnbhriseadh
Sruthlaíonn do smaointe go mín
Is aibíonn lá úr ar an leathanach.

Béal Bán

The pelt of rain on the car window
As the wind gasps heavily
The white waves break full of foam
And the mouth of the bay dances fiercely
The sun reveals itself on the waves
And sand runs a fast race with the wind:
The brightness of autumn on the strand
Instead of a weak winter sun.
A white cloak bursts on the Black Rock
As a wave raises its legs
Sand mist on the strand
As the grains jump towards the wind
The power is wrenched in your pulse
As you walk the strand
Clearing, rebirth in the breaking wave
Your thoughts sieve finely
And a new day ripens on the page.

IMAGE II   Jean

II
Jeaic

Jeaic ar Scoil

Glan díot gaineamh na trá
Is oscail an doras don fhómhar,
Bronn ort féin éide
Go bpriocfaidh sceacha na léine
Do mhuineál óg beag
Is go dtógfar ón mbosca na bróga
A mboladh leathair ina anlann agat.
Tá'n tú sé mbliana d'aois.

D'aithníos le huaibhreacht do chrógacht
Is tú ag déanamh ar stad an bhus.
"Ná póg mé, Mam," a dúraís,
"*I'll wait by myself.*"
Chasas mo shála ar mo bháibín óg
Go dtáinig fás aon oíche air
Faoi cheobhrán brothallach na maidine.

Is shiúlaíos isteach abhaile
Go dtugfainn leathshúil fén gcuirtín
Go n–imeodh sé slán
Go slogfadh an fhoghlaim é
Le fiosracht tartmhar gan teorainn.
Tá sé sé mbliana d'aois.

Gluais leat fé cheol
Is fé ghrá do mhuintire.
Feairín beag seanchríonna
A chaith seal anso cheana
Lena shúilibh donna
Ar leathadh le hiontas
As bheith beo sa tsaol.

Nach álainn a bheith
Sé mbliana d'aois.

Jeaic at School

Take off the sand of the beach
And open the door to autumn.
Bestow upon yourself a uniform
Whose prickly shirt collar
Pecks your young small neck.
And take your shoes from their box
That the scent of the leather be a soup.
You are six years old.

I saw with pride your bravery
Heading for the bus.
"Don't kiss me, Mom," you said,
"I'll wait by myself."
I turned on my heel from my little child
Who grew overnight
Under the warm mist of morning.

I walked in home
To peek under the curtain
That he went, safe.
That learning would swallow him
With a thirsty inquisitiveness of no boundary.
He is six years old.

Move on under music
And the love of your family.
The little old man
Who was here before
With his brown eyes
Wide with wonder
At being alive in the world.

How wonderful to be
Six years old.

Jeaic ar an dTráigh

Seoidín seod ar an dtráigh
Lena bhuicéad is a spáid
I ngealbhlaosc an fhómhair
Ina aonar.

Seoidín seod lena shamhlaíocht
Is a bhua is a dhraíocht
Ní gan páirtí atá sé
Ina aonar.

Jeaic on the Beach

Little jewel on the beach
With his bucket and spade
Under the bright vault of autumn
On his own.

Little jewel with his imagination
His gift and his magic
Not without a friend
On his own.

Jeaic agus Mam ar an Oileán

Airgead na gainí ar an dTráigh Bhán
Le comhluadar mo mhic
Faoi theas buí na gréine.
Léimeann sé na tonnta
Ar nós coileáinín gadhair
Ag lapadaíl san uisce.
Gliondar air bheith istigh
Ar an oileán a thóg a mháthair
Bliain i ndiaidh bliana.
Táimid beirt i bhfolach
É seacht mbliana d'aois.
Dá rugtaí anso é
Bheadh sé slán san aois
Cruthaithe aige go raibh sé láidir.
Táimid anso le chéile
Is fiche ceist aige
Gach re cos ar bhóithrín.
Gliondar an tsamhraidh
Ar an oileán
Sinn beirt le chéile go sásta.

Jeaic and Mom on the Island

Silver sand on Tráigh Bhán
My little lad is with me
Under the hot yellow sun.
He leaps into the waves
Like a pup
Dancing in the water.
He's delighted to be in
On the island that took his mother
Year after year.
We are both in hiding
He's seven years of age.
If he'd been born here
He'd be safe in his years
Proven that he was strong.
And we are here together
His twenty questions
With every step on the paths.
Delight of summer
On the island
Both of us happy to be here.

Fear Draíochta

Bhí fear draíochta
Le bheith
Ag barr an ché.
Roimis
Bhí buíon eachtrannach
Le drumaí
Agus
Mná ná lig
Aon ní
Le samhlaíocht.
Bhí alltacht ar mo mhac:
Cén t-uafás a bhain
Le colainn mná
Ach í cóirithe
Go seodmhar
Ag beagchlúdach
Na bpíosaí
Ní raibh ann
Ach tóin
Ag luascadh
Ach bhí alltacht ar mo mhac
É i bhfolach taobh thiar díom
Go stopadar.
D'oscail na flaithis
Is thit ualach báistí;
Scaipeadh na leanaí
Is cealaíodh
An fear draíochta.
Sé dúirt mo mhac
Ná gur éalaigh sé
Ina anáil
Deataigh.

The Magician

There was to be
A magician
At the top of the pier.
Before him
A foreign troop
With drums
And
Women that didn't
Leave much to the
Imagination.
My son was disgusted
What horror a
Woman's body
But she was arranged
Bejewelled
Barely covering
The bits
It was only
An arse
Swaying
But my son was disgusted
Hiding behind me
Until they stopped.
The heavens opened
And a downpour came
The children scattered
And the magician
Was cancelled.
My son said
He vanished
In a puff
Of smoke.

An Fathach

Fearín beag 'ge baile
Ag déanamh obair bhaile.
Máthair ar strae
Ag déanamh obair de shórt eile.
Is mian leis go bhfillfinn
Ach is ansa liomsa an dúshlán.
Táim scaoilte amach
Ach teanntaithe istigh
Ag maorlathas stróinséartha.
Mé ag caitheamh cloch
In aghaidh an fhathaigh.

The Monster

A little man at home
Doing his homework.
A mother gone astray
Doing work of another kind.
He longs for my return
As I long for the challenge.
I am let out
But cornered
By this strange bureaucracy.
I am throwing stones
Against the monster.

Breoiteacht

Fiabhras
Teas
Marbhántacht
Mo leanbh
Luite breoite
Le cúig lá
Gan ithe
Ná gáire
Ach codladh
Corrthónach
Im bhaclainn
Beireann a
Mhéaranta orm
Go fáiscthe
Ar nós an dara
Craiceann
De ló is d'oíche
Gá bunúsach
Don mháthair
Víreas gránna
Ag sruthlú trína
Chorp
Is gan faic le
Déanamh
Ach
Fanacht
Go dtiocfadh
Biseach
Air
Is go mbeidh
Gáire ard

Sickness

Fever
Heat
Listlessness
My child
Lying sick
For five days
Without eating
Or laughing
Agitated
In my arms
His fingers
Cling to me
Like a second
Skin
Night and day
Mother's basic
Need
A horrible virus
Coursing through
His body
Nothing to do
But
Wait
Till he gets well
And that there
Will be
Laughter
And fun
In the house again
And that
Isolation

Is cleachta
Sa tigh arís
Is go n-imeodh
An aonaránacht
Seo
A mharaíonn mé
Ach sin mar a bhíonn
Ag an máthair –
Neart in am
An ghátair.

Will disappear
That which
Kills me
But that's the way
Of the mother –
Strength
In time
Of need.

Ionsaí Aoine an Chéasta

Aoine an Chéasta i mBaile na nGall
An t-iasc istigh is faoileáin ag seilg
Mar a dheineann mo mhac
Tástáil fhada ar an uisce:
Fliuchtar an chulaith uisce
Diaidh ar ndiaidh
Go dtumann sé go tobann
Is siúd leis an gcéad snámh.
Isteach i mo radharc
Tagann bobailíní dubha
Le mascanna is píobáin anála,
Glór láidir Bleá Cliathach
Ag gíoscán go trom
Ceol na bhfaoileán in iomaíocht leo
Is in ionad iascairí na háite
Tá *speedboat* lán le Corcaígh
Ag spalpadh Béarla ar an gcé;
Cuairteoirí lena ngiuirléidí costaiseacha.
An turasóireacht chultúrtha í seo?
Nó díreach léiriú ar rachmas na tíre?
Bréagáin nua as an SSIA.
Fós chím mo mhac
Ag imirt le feamainneach san uisce
Beag beann ar mo mheon.
Tá caisleáin le tógaint
Is uisce le treorú le dambaí gainí
Cuardach do phortáin
Is Gaolainn bhinn ina ghlór
Sé ardrí na trá é
A phaiste tochailte
Ullmhú déanta
Don samhradh atá le teacht.

Good Friday Invasion

Good Friday in Ballydavid
The fish are in and seagulls hunt
As my son
Gingerly tests the water:
The wetsuit gets wet
Bit by bit
Until he suddenly goes under
And there goes – the first swim.
Into my view
Come black bobbleheads
With masks and snorkels
And strong Dublin accents
Whinging heavily
In competition with the seagulls
And instead of local fishermen
There's a speedboat full of Corkonians
Spouting English on the pier;
Visitors with expensive bits and pieces
Is this really cultural tourism?
Or an exhibition of the country's wealth?
New toys from the SSIA.
Still I see my son
Playing with seaweed in the water
Oblivious to my gripe.
There are castles to be built
And water to direct in dams made of sand
Searches for crabs
With west Kerry Irish in his voice.
He is the high king of the strand
His patch made
Preparations done
For the summer that is yet to come.

Súgradh

Bréaguaireadóir cairtchláir
Maisithe go cúramach aige
Greamaithe le seilitéip;
Tá sé ina mheaisín draíochta
Macasamhail ógánach na teilifíse.
Iarrtar orm é a ghearradh amach
Mar ní ceadmhach dó siosúr.
Claochlaíonn sé tú go domhan eile
Áit ar féidir le hollphéisteanna eitilt.
A aghaidh diongbháilte ag tarrac
Dathú agus comharthaí cnaipí
Treoracha chuig diminsiún eile
Ná trasnaíonn daoine fásta.
Eitil leat, a ghrá gheal,
Is scaoil seodanna na samhlaíochta
Sula sciobann an saol
Do chnaipe draíochta as do láimh
Is go ngortaíonn fuil do chorp
Do lámha áilne nuair a ghearrtar tú.

Playing

A fake cardboard watch
Carefully decorated by him
Stuck together with sellotape;
It's actually a magical machine
Replica of a kid on TV.
I'm asked to cut it out
He is not permitted scissors.
It transforms you into another world
Where great monsters can fly.
His serious expression as he draws
Colours and makes signs for buttons
Directions into another dimension
Where grown ups cannot tread.
Fly away, my bright love
Let the jewels of the imagination out
Before the world robs
Your magic button from your hand
And the spilled blood hurts your body
And your beautiful hands when you get cut.

Digging

III

An Tigín / *The House*

Idir Dhá Áitreabh

Idir dhá áitreabh
I staid liombó nuálaíoch
Níl faic agat
Ach an peann is páipéar,
Gach rud is leat sa tsaol
Ag léimneach ort sna málaí dubha
Is na boscaí brúite
Níl éadaí na leapan féin agat.
Codladh san áitreabh nua
Braithim go bhfuaireas *dolly*
I gcomhair na Nollag is go bhfuilim sé
Ach an liombó seo
Tá sé ag crochadh tharam
Mar a bheadh múinteoir crosta.
Na cuimhní:
Leabhar nótaí óm shamhradh
I Meiriceá is mé im mhac léinn
Ainmneacha is uimhreacha
Nach gciallaíonn faic anois
Ach cuntas bainc, mo chéad éacht
Is seoladh mo chéad tigh thall.
Cuimhin liom san.
Idir dhá áitreabh
Cuireann sé aiteas orm.

Between Dwellings

Between dwellings
In a new-age state of limbo
You've nothing
But your pen and paper,
Everything you own
Jumping at you in black plastic bags
And bruised boxes
You don't even have sheets.
Sleeping in the new dwelling
I feel I got a new dolly
For Christmas and I'm six.
But this limbo
It's hanging over me
Like a cross teacher.
Memories:
A notebook from my summer
In America when I was a student
Names and numbers
That mean nothing now
A bank account, my first feat
And the address of my first
House over there
I remembered that.
Between dwellings
It makes me crazy.

An Paróiste Nua

Faoi scáth Phiarais
Tháinig bean na sí
Ag cogarnaíl leo.

Suas fén gcnoc
Faoi ascaill Chruach Mhárthain
Sall go Ceann Sibéal
Is ar fhaill Dhún an Óir
Lena glór
Bhí sí á bhfáiltiú
Dá rá leo nach
I bParóiste Múrach amháin
A mhair lucht na sí.

Dúirt sí leo na cosáin a shiúl
Is ard gach beann a dhreapadh
Mar is mar sin a shocróidís
I mBaile an Fheirtéaraigh
Go mbeadh fios gach leac
Is corr is casadh
Is aithne mhuintire

Ach fós ní aige baile
A bhíodar
I bhfad ón rud comónta
An bhraistint
Go bhfuil aithne agat
Ar do ghnáthóg.
Sea, do labhair bean na sí
Is bhí an ceart aici
Mar bhí acu radharc sall

The New Parish

Under the shadow of Piaras
The Fairy Queen came
To whisper to them.

Go up the hill
Under Cruach Mhárthain
Over to Ceann Sibéal
And on the cliffs of Dún an Óir
With her voice
She was welcoming them
Telling them
That it wasn't only in Paróiste Múrach
The fairies dwelled.

She told them to walk the paths
And climb every peak
That's how they'd settle
In Baile an Fheirtéaraigh
To know every stone
And every turn
And know their neighbours.

But still they weren't
Home
Far from the familiar
The feeling
That you know your
Own habitat.
Yes the Fairy Queen spoke
And she was right
For they could see across

Ar Thúr Bhaile Dháith
Is Binn bhreá Dhiarmada
Is ard-Chnoc Bhréanainn.

Codlaígí sa lios
Is gheobhaidh sibh fios
Mar tá bhur leabaidh
Déanta don tráth seo.

To the Tower of Baile Dháith
And Binn Diarmada
And the height of Cnoc Bhréanainn.

Sleep in the fort
And you will know
You've made your beds
Now lie on them.

An Taibhreamh

Amhail is gur taibhreamh a bhí ann
Bhí an eochair ina glaic aici;
Leath ina codladh
Roghnaigh sí giuirléidí an tí
Chaith sí dathanna an bhogha síne ar na fallaí
Chuir sí síos tine le suí ina haice
Is chorraigh sí ina codladh
Ar an leabaidh nuacheannaithe.
Conas gur sa seomra suite atá an leabaidh?
Conas gur léithe an tigín?
D'oscail sí a súile
Is bhí aingeal na dtithe os a cionn;
Ise a bhronn na brící seo uirthi
Leathgháir sí fén gclúid
Ghaibh sí buíochas leis an aingeal
Is chuir an glas ar an ndoras.

The Dream

As if in a dream
She had the key in her fist;
Half asleep
She chose bits and pieces for her house
And threw the colours of the rainbow on the walls
She lit a fire that she might lie beside it
And quivered in her sleep
On the newly-bought bed.
Why is the bed in the living room?
How is the house hers?
She opened her eyes
And the angel of houses was above her;
It was she who gave her these bricks
She half smiled under the cover
And thanked the angel
Before she locked the door.

An Tigh

Mhaireadar ann
Faoi dhraíocht:
Leapacha úra
Fallaí ildaite
Faoi anáil na péinte
Gach gléas sa chistin
Gach seilf leabhar
Ag miongháire leo
Na boird is cathaoireacha
An teilifís úrnua snasta
Ag caint le cairde nua.
Go deo arís ní bheadh
Truc ag iompar
A gcip is a meannaithe
Ó thigh go tigh;
Bhíodar slán
Sa tigín gealgháireach
Slán ón mbóthar
Is 'ge baile faoi dheireadh.

The House

They lived
With magic:
New beds
Colourful walls
Breathing paint
Every kitchen appliance
Every bookshelf
Smiling to them
Tables and chairs
The slick new TV
Talking to new friends.
Never again would
A truck move
Their bits and bobs;
They were safe
In the cheerful house
Safe from the road
And finally home.

Tochailt

Déanann éan
Ainmhí b'fhéidir
A phluais
Is a nead
A thochailt
Go mbeadh sé
Tirim, tréan.
B'fhéidir go
Míneodh sé seo
Mo gheáitsí
Ar urlár na cistine;
Tá fuaim in easnamh:
Ceol an chloig mhóir
Caithfead ceann
A fháil.
Tá an t-ainmhí
Fós ag tochailt
Is mise ag caoineadh
Béilín meala
Mo chloig cistineach.
Ní raibh gá ag
An éan
Le bronntanas casúir
Is *screwdrivers*
Go ndéanfainn DIY
Tairne a chur
Os cionn an *range*
Is clog a chrochadh.
Suífidh mé ansan
Istoíche le mo
Ghloine fíon dearg

Digging

A bird
Or an animal perhaps
Excavates
Until his nest
Or his cave
Is strong and dry.
Maybe that
Would explain
My behaviour
On the kitchen floor;
There is a sound missing
The music of a big clock:
I must
Get one.
The animal is still
Digging
And I lamenting
The lullaby
Of my kitchen clock.
The bird did not need
A gift
Of a screwdriver
And a hammer
That I would DIY
Put a nail
Over the range
And hang a clock.
I will sit there
At night
With my glass of red wine
Thinking about

Ag smaoineamh
Ar an éan
Is ar an ainmhí
Is na taibhsí
A dhúisíonn istoíche
I gcistin
Áit ina bhfuil clog mór
Ag preabarnach.

The bird
And the animal
And the ghosts
Who wake at night
In a kitchen
Where there is a big clock
Ticking.

An Bosca

Bhí bosca taobh amuigh
De dhoras cúil mo thigín,
Is an doras fé ghlas –
Bosca uirlisí –
Ar deireadh
Tá ceann agam.
Seachnaígí:
Bean ag iompar uirlisí
Plocóidí is pluganna
Screwdrivers is gimlití.
In ainm Chroim
Cad a dhéanfad?
Glan amach an tseid
Cuir seilfeanna in airde
Áit don antraicít.
Tá scian phóca agam
Ar deireadh.
An méid uirlisí atá
Ar aon scian amháin.
Ar nós glacadh
Le ball fireann
Le mo lámh bhaineann.
Cumhacht neamhspleáchas
An Super Tool Box.
Fan go gcuirfidh mé mo lámha
Isteach sna lámhainní oibre sin,
Féachaint cé DIYfidh cén duine.

The Box

There was a box outside
The back door of the *tigín*.
The door was locked –
A tool box –
Finally
I have one.
Watch out:
Woman carrying tools
Wall plugs and wrench
Screwdrivers and gimlets.
In the name of Crom
What will I do?
Clean out the shed
Put up shelves
A pit for the anthracite.
I have a pocketknife
Finally.
With many instruments
On one tool.
Like accepting the male member
In my feminine hands.
Power and independence
Of the Super Tool Box.
Wait until I get my hands
Into those work gloves,
We'll see who DIYs who.

1ú Feabhra

Péacann naíonán an earraigh
Fé cheobhrán an Spéice
Lá bog tais, lán draíochta
Síolta ag déanamh samba fén gcré
Go bpléascann siad le bláthanna
Le ceol críonna feasach na séasúr.
Istigh sa chistin táim ag rince ar mire
Ceol ón mbosca fuaime go hard
Idir phrátaí is feoil chun dinnéir;
Range ag deargadh le teas
Mo chroí aerach agus sásta
Go bhfuil casadh saoil leis an earrach seo;
Tá roghanna na ndathanna
Ar nós míle bogha síne fén mbáisteach
Tá bláthanna na boilge ag síolrú istigh.
Gealann do shúile le gliondar
Is léimeann tú isteach sna scamaill
Le lúidín sa talamh mar théad
Nach gcaillfidh tú choíche
Fiú is tú ag rince steip
Ar Bhealach na Bó Finne.

1st February

Infant spring buds
Beneath the Spéice's mist
On a damp easy day full of magic
Seeds doing a samba under the earth
Until they burst into flower
To the ancient knowing music of the seasons.
In the kitchen I am dancing like mad
Loud music from the music box
Between potatoes and dinner meat,
The range reddening with heat
My heart is light and happy
That there is a life turn in this spring;
The choice of colours
Like a thousand rainbows in the rain
The flowers in my stomach grow inside.
My eyes brighten with wonder
And I jump into the clouds
With one toe in the earth as a rope
That I will never lose
Even if I am dancing a step
On the Milky Way.

Domhnach

Domhnach geimhriúil
Gaoth ag ardach a ceoil
Le nótaí folmha fuinniúla
Ardóidh an tigh ón talamh
Leis an liodán scanrúil
Atá ag béicigh lasmuigh.
Istigh tá tine is teas
Is clann chun béile Domhnaigh
Ag suí chun boird go sásta
Go bhfuil mo leabaidh déanta
Is fothain dúinn uilig
Fé mo dhíon.
Tá an Nollaig ag breith chughainn
Lán cainte is amhrán
Fé dhíon mo mháthar
Is suífead isteach san oíche
Lá Nollag ag éisteacht
Le glór na gaoithe
Ag rince i simléar na cistine.

Sunday

A wintry Sunday
The wind raises its music
With empty energetic notes
The house will raise from the ground
With this frightening litany
Screaming outside.
Inside there is fire and heat
And family to Sunday lunch
Happily sitting at the table
That I've made my bed
And could shelter us all
Under my roof.
Christmas is upon us
All chatter and song
Under my mother's roof.
I will sit late at night
On Christmas night listening
To the sound of the wind
Dancing in the kitchen chimney.

Sos

Stoirm gheimhriúil lasmuigh
Is pian ar mo pheann laistigh
Luite im éadaí leapan san iarnóin
Táim ar nós leanbh crosta
Ag éisteacht leis an *JK Ensemble*
Tar éis toitín aisteach a chaitheamh
Féachaint an dtiocfadh piocadh ionam
Ach nílim ach ag stánadh;
Ar Cheann Sibéal sa bháisteach
Is teas ón *range* sa chistin
Am dheargadh le splanc sonais
Cúig neomat eile is ní fheicfir arís é
Fé cheo is clapsholas na Nollag.
Imeoidh Ceann Sibéal is bead fágtha
Sa tigín ar an mBuailtín
Ag baint síneadh as an lá
Go dtí go raghair a chodladh arís.

Break

A wintery storm outside
And a pain on my pen inside
Lying in my afternoon pyjamas
I'm like a cross child
Listening to the *JK Ensemble*
After smoking a joint
To see would it jolt me;
But I'm just staring
At Sybil Head in the rain
The heat of the kitchen range
Reddening me with a spark of delight
Five more minutes and I won't see it again.
Under mist and a December twilight
Sybil Head will disappear and I'll be left
In the house in Ballyferriter
Getting a stretch out of the day
Until it's time to go to sleep again.

An Chistin

Gaoth ag feadaíl tríd an ndoras
Monabhar de shaghas eile ón gcuisneoir
Caint na teilifíse sa seomra suite
Is preabarnach na gclog
Na fuaimeanna sa chistin
Ag déanamh ceoil le m'anáil
An seomra mar a bheadh abhus
Ar nós scéalta m'óige.
Nílimid ag asanálú go trom
Tá mar a bheadh an cór á gciúnú
Go n-éiríonn an ghaoth le *crescendo* eile;
Táimid ag eitilt go hard anois
Feadaíl throm isteach
Go luascaimid go talamh
Is an clog is an cuisneoir
Is an teilifís is an anáil
Stopaithe de gheit
Go dtí an chéad asanálú eile
Is ciúnú na gaoithe.

The Kitchen

Wind whistling through the door
The fridge has another murmur
TV talk from the sitting room
And the ticking of the clock
The kitchen sounds
Making music with my breath
The room as if it were afar
Like the storybook of my youth.
We do not exhale heavily
It's as if a choir were being quietened
Until the wind rises to another crescendo;
We are flying high now
A strong whistle in the door
Until we bob to the ground
And the clock and the fridge
And the TV and the breathing
Stop suddenly
Until the next exhalation
And the quietening of the wind.

Taibhsí an Bhuailtín

Taibhsí an Bhuailtín
Ag crochadh tharam
Gan Críostaí ag labhairt
Seachas beirt Ghaeilgeoirí
Ó Chorcaigh
Ag dúnmharú an ghinidigh
Is ag lorg uibhe beirithe.
Tá an baile seo marbh
Gan beocht ná anam.
Sinne san óstán
Ar shaoire na Cásca.
Bheadh sé chomh
Maith againn
Fanacht 'ge baile.
Taibhsí an Bhuailtín
Ag crochadh tharam
Go balbh.

Ballyferriter Ghosts

Ballyferriter ghosts
Hanging over me
Not a word
But for the two Gaeilgeoirs
From Cork
Murdering the genitive
And looking for boiled eggs.
This village is dead
Lacking aliveness and soul.
We sit in the hotel
On Easter holidays.
I may as well have
Stayed at home.
Ballyferriter ghosts
Hanging over me
Silently.

Image IV   The Chord.

IV

Gan Ghrá / *Love Without*

An tSreang

Tá sreang amháin
istigh ionam
a atann
le cuimhne ort.

Níl sé pianmhar
níl úinéireacht i gceist
ach tá ceangal
atá folláin.

Má ghlaonn tú
ó dhomhan eile
bím ar bís
le cabaireacht.

Nuair atánn tú
'ge baile
is faoiseamh
do ghiorracht dom.

Níl bun ná barr leis
i súilibh daoine
ach tá's agamsa
mo rogha.

bíodh sa diabhal
ag lucht mo cháinte
nílid ceangailte le sreang
draíochta
mar atáimse.

The Chord

There is one chord
in me
that expands
thinking of you.

It doesn't hurt
there is no ownership
but a connection
that's healthy.

If you call
from another world
I'm excited
to talk about stuff with you.

When you're
home
it's a relief
that you are near.

There's no head nor tail to it
in people's eyes
but I know
my choice.

to hell
with the critics
they aren't connected by an
ethereal chord
as I am.

Clúid an Ghrá

Folaithe faoi chlúid an ghrá
D'ól sí as cupán na maitheasa
Tráthnóintí comhrá is collaí
Maidineacha síoraí
Is fáisceadh croí.

Tá an ghealach imithe
Is an t-uisce ag sileadh
Nocht gan chlúid
Tá fuacht ina cnámha
Tá scamall ar a gnúis
Tá feothadh ar a bláth.

Bhí sí cneasaithe aige
Ach briseadh an gheis
Nocht gan clúid an ghrá
Tá sí ar fóraíl sa cheo
Nó go bhfaigheann sí
Clúid eile le bheith folaithe inti.

The Covers of Love

Nestled under the covers of love
She drank the goodness
Conversational evenings and lovemaking
Endless mornings
And a heart's embrace.

The moon has disappeared
The water is flowing
Naked without cover
A chill in her bones
A shadow on her cheek
Her flower has withered.

She was healed by him
But the spell was broken
Naked without the cover of love
She is lost in the mist
Till she finds another cover
To be buried in.

Imithe

Tá scamall in easnamh
tá scáth ar an ngrian
tá an ghaoth ina tost
nuair a bhíonn tú imithe uaim.

Gone

A cloud is missing
there is a shadow on the sun
the wind is quiet
when you are gone.

Ceangal

Ar nós breithe is ea an fhágaint:
Ceangal dlúth briste
Pian agus formad
Leis an mbroinn
Córda gearrtha gan pian
Bíonn tú mairbhiteach fén dtráth san
Ag siúl na sléibhte
I mbroinn na huaighe
An leac ollmhór cosanta
Os do chionn
Monabhar na gaoithe
Trén oscailt isteach
Ar nós liodán dólásach
Ag rince id chluasa.
Maisle ort, a fhir
A chuir ceo ar an solas
Ach ní lúide mé gan é
Go bhfuil gort eile
Le treabhadh aici
Sula ngealann an ghrian.

Ties

The leaving is like a birth:
A fierce tie broken
Pain and envy
Of the womb
Cord cut without pain
You're numb by then
Walking the hills
In the womb of the grave
That huge protective rock
Above you
The murmuring of the wind
Through the opening
Like a contrite litany
Dancing in your ears.
Damn you, man
Who put mist on the light
But I am no less without him
She who has another
Field to plough
Before the sun rises.

Surfers

Image V

V

An Turas / *The Trip*

Tonnseoltóirí

Tonnseoltóirí dubha ag luascadh na dtonnta
Ceann i ndiaidh ceann
Ag fanacht leis an dtonn sin
A chuirfidh chun siúil iad
Lucht seo na dtonnta
I Rinn na Spáinneach i
Sráid na Cathrach.
Tá mo phuball beag ag luascadh
Sa leoithne
Ar bharra na haille
Os cionn na trá.
Tearmann don oíche
Ach ar dtús
Luascaimis sna tonnta . . .

Surfers

Black surfers shaking the waves
Wave after wave
Waiting for the one
That will propel them
They didn't come for the music
These wave people
In Spanish Point
Milltown Malbay
My little tent is shaking
On the cliff top
Overlooking the beach
Sanctuary for the night
But first
Let us dance in the waves . . .

Fothain: Rinn na Spáinneach

Rinn na Spáinneach maidin
Shamhraidh go moch
Ceol na dtonn a chuir chun suain mé
Im dhúiseacht anois le siosarnach.
Daoine ag siúl na trá
Mar a dheineas le gealadh an lae
Mo phuball ar bharra na haille
Áit a chaitheas an oíche.
D'fhágas scléip an cheoil
Gan éisteacht a thabhairt dó
An baile lán le hóinsigh.
Rinn na Spáinneach
Maidin shamhraidh –
Fothain ó chomhluadar.

Shelter: Spanish Point

Spanish Point on a summer's
Morning early
The waves' music that put me to sleep
Now waking me with their murmuring
People walk the strand
As I did at daybreak
My tent on the clifftop
Where I spent the night.
I left the merriment of music
Without listening to it
The town full of louts.
Spanish Point
On a summer's morning –
Shelter from company.

Inis Oírr I

Giolla na leisce mé anso
Ar Inis Oírr Árann.
Grian ag gealadh na gcarraigeacha
Monabhar Gaeilge le clos
Is mé os comhair na farraige.
Leac na leisce,
Mo thóinín Gaelach ar charraig
Is mé ar saoire.
Ní fhéadfainn an lá a insint
I lár na farraige
Is neosfad duit gur cuma liom.

Inis Oírr I

Lazybones I am
On Inisheer Aran.
Sun splitting the stones
Murmers of Irish to be heard
I am facing the sea
The stone of laziness
My Gaelic ass on a rock
And I'm on holidays.
I couldn't tell you the day
In the middle of the ocean
I tell you I don't care.

Inis Oírr II

Glas na Meánmhara san uisce
Airgead ag glioscarnach
An taoide ag brú ar na carraigeacha
Is ciúnas san aer.
Níl aon ní ag cur tinnis orm
I bhfolach ar Inis Oírr
Reic báid mar chomhartha
Is turasóirí am bhodhrú.

Inis Oírr II

Mediterranean green water
Silver glistening
The tide pushes the rocks
And silence in the air.
Nothing is bothering me
Hiding in Inisheer
The wreck of a boat as a sign
And tourists deafening me.

Cuairt ar an gClár '92

Laethanta leisce
Spéir ard gréine
Boladh an fhéir ghearrtha
Ag taisteal linn
Trí bhóithríní beaga an Chláir.

Siúd linn go caisleán Ghuaire
Scéalta a fhlaithiúlachta
Fós ar ár mbeola –
"Guaire na lámh fada".

Shín a bhuiríos ceantair
Ciúnas chugham
Sonas agus sástacht
Cois Cinn Mhara chiúin.

Bláthanna beaga daite
Go flúirseach ar thalamh liath
Sléibhte loma níos léithe fós
Suaimhneach i lár an Mheithimh.

Snámh bogthe ar thrá gainí
Tirim arís ag teas na gréine
Lámh á fáisceadh agam
I ngan fhios ag labhairt
Ar an suaimhneas
A shín le m'ais.

Siúd linn go seanláthair
Lady Gregory
Loch ar sheas lucht an

Trip to Clare '92

Lazy days
A high sun
The smell of cut grass
As we travel
The boreens of Clare.

On we go to Guaire's castle
Stories of his generosity
Still in our mouths
"Guaire of the long hands".

His kingdom
Gave us rest
Peace and happiness
Near quiet Kinvara.

Little coloured flowers
Scattered on grey land
Bare hills greyer still
Peaceful in June.

A warm soft swim on a sandy beach
Dry again under the heat of the sun
I was holding a hand
Silently speaking
Of the peace
That lay beside me.

On we went to the site
Of Lady Gregory
A lake where those of the

Chlapsholais Cheiltigh
Ar a bhruach
Gan áras fágtha
Ach stábla
An Stát ag ceiliúradh staire
Le gléasanna closamhairc
I scanstábla an tí mhóir.

Túr Yeats thíos uaidh
A cheannaigh sé ar £35
Meiriceánaigh ramhra
Ag ceannach báiníní
Ar a thinteán fileata.

Scitsifréine an turasóra
Ag machnamh ar thábhacht
Atá slogtha siar ag
Caipitleachas an leipreacháin
Phlaistigh.

Bhogamar ar aghaidh
Deireadh lae
Ar thráigh fholamh
Borradh linn
San uisce
Sona sásta, gliondrach.

Celtic Twilight
Stood at its edge
No house standing
But a stable
The State celebrating history
With audiovisual aids
In the stable of the big house.

Yeats's tower stands nearby
Bought for £35
Fat Americans
Buying *báiníns*
On the poetic threshold

Tourist schizophrenia
Pondering the importance
Of that which is swallowed
By plastic leprechaun
Capitalism.

We moved along
A day's end
On an empty beach
The waves went with us
In the water
Happy with delight.

Image VI   The Warrior

VI

An Trodaí / *The Warrior*

An Trodaí agus na Beanna

Thosnaigh an Trodaí ar Bhinn Diarmada
is do chonaic sí rian a choda ar an leac fúithi
d'ith sí a cuid is d'ól sí braon
is siúd léithe go dtí an Bhinn Bheag
áit ar lig sí a scíth
siúd léithe go Binn Anraí
áit a raibh radharc ar bháid aici
iad tagtha anall ó Bhaile na nGall
ar thóir na mbreac
sea, do bhí sí ar Bhinn an Bhric
go dtáinig siad sna líonta
thug sí a sála sall go Binn Bhaile Uachtaraigh
áit ar fhair Sasanaigh ar Fhrancaigh
do réitigh sí dinnéar ar Bhinn na Tine
is is maith a shásaigh an blas í
lig sí béic ar Cheann Sibéal
a chuala an Fiach is a Mháthair
ach focal níor tháinig ó Mháthair an Fhiaigh
seo iad aici beanna an cheantair
is do fuair sí sásamh óna lá.

The Warrior and the Peaks

The Warrior started on Binn Diarmada
and she saw Diarmaid's remains on the stone below
she ate her fill and drank a drop
and on she went to an Bhinn Bheag
where she rested
on she went to Binn Anraí
where she had a view of the boats
that came over from Ballydavid
seeking the salmon
there she was on Binn an Bhric
until they filled the nets
she took her heels to Binn Bhaile Uachtaraigh
where the Sasanach watched for the French
she prepared dinner on Binn na Tine
and she was much pleasured by the taste
she let a roar out of her on Ceann Sibéal
that the Raven and her Mother heard
but not a word came from the Raven's Mother
these are the peaks
and she got pleasure from her day.

An Trodaí ag Machnamh

Bhí an Trodaí ag triomú a cuid gruaige
is an potacháinín beag lena hais
ag faire ar dheasghnátha baineanna
le dhá shúil ghrámhara shuaimhneacha
maisíonn sí í féin le *hensemble* dearg
ach ní maith leis an dath ar a beola
ní fhásfaidh an potachán fé cheangal pósta
ach le gaolmhaireachtaí an Trodaí
is dún daingean grá eatarthu
tá an saol seo comónta i measc Trodaithe
is bláthaíonn an t-ál féna nglaic
pógann sí leanbh codaltach
deineann sí draíocht le hobair bhaile
tálann sí na béiltí is blaismhaire
fáisceann sí go tréan is go doimhin
is cuireann sí póigín ar éadan an linbh
mar nach bhfuil ann ach iad beirt
treabh beirte istigh sa tsaol
is bhogfadh sí an Fiach is a Mháthair dó
mar gur mar sin atá an mianach inti
cuma cén scáth fireann a bheadh uirthi
is pé scamall aitis a bhuailfeadh í
stiúróidh sí an potachán le tuiscint
mar bunchloch eisean dá brí
is raghaidh siad beirt ag tóraíocht an cheoil sa ghaoth
is méaranta púcaí nuair a thiteann siad.

The Warrior Contemplates

The Warrior was drying her hair
with the young rabbit beside her
watching the feminine rituals
with two loving peaceful eyes.
she decorates herself in a red ensemble
but he doesn't like the colour on her lips
the young rabbit will not grow under the ties of marriage
but with the Warrior's relationships
and a fortress of love between them
this life is common among Warriors
and the brood flowers under their fists
she kisses a sleepy child
she makes magic with homework
she produces the tastiest meals
she hugs fiercely and deeply
and she kisses the child's forehead
because it is only them
a tribe of two in the world
and she'd move the Raven and its Mother for him
whichever male shadow was upon her
and what cloud of strangeness hit her
she'll direct the young rabbit with understanding
for he is the cornerstone of her existence
and they both will go seeking the wind's music
and the foxglove fingers after they have fallen.

An Trodaí agus Creideamh

Ag machnamh tráth ar thórramh an Phápa
labhair gligín beag ina ceann faoi chreideamh
i bhfásach na creidiúna
ní fhéadfadh an Trodaí labhairt ar ais léi
mar bhí déithe ag gach casadh
folaithe i dtalamh phágánach
a bhraith sí ina hanam
níorbh ann d'aon Dia amháin di
taca spioradálta
chomh binn le clog séipéilín
mar mhacalla aici
chuaigh an Trodaí chun faoistine leis an bhfarraige
bhlais sí an sáile lena teanga
a súil anois thuas ar fhaoileán san aer
ag marcaíocht ar shaoirse na gaoithe
braitheann an Trodaí cruthaitheoir
gan méar a leagan i gceart air
ach an neomat a scagadh
ar nós sruthán an oirthir
fanann an Trodaí ag léimt
ó scamall go scamall
ag tóraíocht tuisceana.

The Warrior and Religion

Considering once the wake of the Pope
a little *gligín* in her head spoke of religion
in belief's desert
the Warrior could not reply to her
for there were gods at every turn
embedded in pagan land
connnected to her soul.
There was not one God
a spiritual support
as sweet as a church bell
the Warrior confessed to the sea
flower of the eye that never leaves
she tasted the salt on her tongue
her eye now on a seagull
riding the freedom of the wind
the Warrior feels a creator
without putting a finger on it
but to sift the moment
like an eastern stream
the Warrior continues to jump
from cloud to cloud
in search of understanding.

An Trodaí is an Splanc

Tá sé caillte agam
mealladh leis an splanc
mianta á scaradh óna chéile
'nós an bord eatarthu
cár imigh an scléip?
ag tarrac éadaí óna chéile
ag comhlíonadh na mianta collaí
anois tá fuaim na dtonn
is radharc na farraige
in áit an aitis
fan, tá sé ag corraí
aithním an fhéachaint
cúig neomat eile
agus pléascfaidh sé.
bean aige ar phláta
th'anam 'on diucs tá agam
uair níos déanaí
tá sí suaimhneach
an bheart déanta.
mhuise níor chailleas riamh é.

The Warrior and the Spark

I've lost it
enticing with the spark
but nothing.
desires being separated
like the table between them.
where did all the fun go?
tearing each others clothes off
fulfilling the sexual desire.
now it's the sound of the waves
and a view of the sea
instead of giddiness
wait, he's stirring
I know that look
five more minutes
and he'll burst
a woman on his plate
th'anam 'on diucs I've got him.
an hour later
she is peaceful
the deed is done.
mhuise I never lost it

Suantraí na Meánmhara

Chuaigh an Trodaí fén uisce
is bhí pátrúin a saoil san uisce glas
comharthaí ón bhfarraige eachtrannach
ag cur comhairle uirthi fanacht fó thoinn.
d'oscail domhan mealltach
is bhí sí ar a suaimhneas
i bhfad ó chlann is leannáin
domhan draíochta an Trodaí fé uisce
fhliuch sí, is fhliuch sí í féin
d'fhonn fothain a fháil ón teas
shnámh sí lena súile oscailte
is shnámhfadh sí go dtí an Ghréig
chun éalú óna laincisí saolta
léirphictiúir ghrinneall na Meánmhara
is macalla na dtonn ina suantraí aici.

Mediterranean Lullaby

The Warrior went under water
and the patterns of her life lay in the green
signs from a foreign ocean
advising her to stay under the waves
a magically enticing world opened
and she was at peace
far from family and her lover
the magical Warrior world under the waves
she wet and wet herself
to take shelter from the heat
she swam with her eyes open
and she would swim to Greece
to escape her mortal ties
images from the bottom of the Mediterranean
and echoes of the waves her lullaby

Titeann an Trodaí as an nGrá

Tháinig an Sealgaire ón bhfiach
ach bhí doicheall ar an Trodaí
leisce súil a leagan air
mar go raibh sí cleachtaithe
ar bheith ina haonar
géilleadh is ea gach gníomh
is ní luíonn sí go macánta
le géilleadh
b'fhéidir nuair a fheicfidh
sí lasair ina shúile
go dtiocfaidh an grá thar n-ais
ach níl splanc ina croí
ach ciúnas
níl fonn craicinn uirthi
ach leithscéal cloigeann tinn
tá sé ídithe
d'imigh sé ar an bhfiach
is shocraigh sí
ar a rithimí féinig
gan éinne a shásamh
ach í féin
tháinig an Sealgaire ón bhfiach
is ní fios di cén toradh
a bheidh ar an gceangal.

The Warrior falls out of Love

The Hunter came from the hunt
but the Warrior was reticent
reluctant to lay eyes on him
for she was accustomed
to being alone
every act is a sacrifice
and she does not lie easily
with giving in
perhaps when she sees
the spark in his eyes
the love will come back
but there is no spark in her heart
except quiet
she doesn't want to make love
the excuse of a headache
it has receded
he went hunting
and she settled
into her own rhythms
not having to please anybody
except herself
the Hunter came from the hunt
and she knows not
how the story ends.

An Trodaí is na Réalta

Dá mbuailfeadh an Trodaí le fear
a raibh eolas aige ar réalta na bhflaitheas
go bhfairfidís le chéile oíche ghlé gheimhridh
ar Bhealach na Bó Finne
is go bhfáiscfeadh sé í ón bhfuacht
fós ní bheadh sí socair
mar go bhfaireann sí ar an aimsir
is tuigeann sí an t-easnamh in aigne fir
ní hann níos mó dá hanamchara
d'imigh sé san am atá imithe
is bearna a croí ródhocht
le duine eile a ligean isteach
go gcíonn sí réiltín eile
ag sciorradh trasna na spéire.

The Warrior and the Stars

If the Warrior met a man
who had knowledge of the stars of the sky
that they would watch on a crisp winter's night
the Milky Way
and he would embrace her, keep her from the cold
still she would not be at peace
for she watches the weather
and understands man's missing link
her soulmate is no more
he went in times past
and the gap in her heart too narrow
to let someone else in
till she sees another star
flitting across the sky.

An Trodaí agus Oisín

Ghluais an Trodaí gan stad
rite ar an ngaoth
gan rian fir uirthi
d'imigh sí léithe
go barr na gcnoc
is ag luí i leabaidh aonair
gan ach rian leabhair
lena taobh.
"Nach tú?" arsa sí léi féin
"Is mé!" a dúirt sí thar n-ais
cneasaithe ag an dtuiscint
go raibh sí ina haonar.
mhuise más ea
bhí rith an rása léithe
ag rámhaíocht ar mhaitheas
thar bhéal toinne
isteach san oíche.
bhí an Sealgaire ina scáth
aisling
ar nós Oisín i ndiaidh na Féinne
thit sé dá chapall
is an Trodaí
ag marcaíocht léithe
gan aon fhéachaint siar
go raibh íor na spéire ag bagairt
gan é
áit a mbeadh Sealgaire eile
a rithfeadh ar an ngaoth léithe.

The Warrior and Oisín

The Warrior moved ceaselessly
run on the wind
without the trace of a man on her
off she went
to the mountain top
and lying on a bed alone
with nothing but the trace of a book
by her side.
"Is it not you?" she said to herself
"It is I!" she said back
healed by the understanding
that she was alone.
mhuise if so
the day was hers
rowing on goodness
over the crest of a wave
into the night.
the Hunter was a shadow
like Oisín after the Fianna
he fell from his horse
and the Warrior
riding onwards
without a glance back
where the horizon was beckoning
without him
where another Hunter lay
who would run the wind with her.

An Trodaí san Oileán

Chuaigh an Trodaí isteach san oileán
lá breá gréine sa tsamhradh
do bhí sí i measc cairde dlúth
is shuigh sí ar ghaineamh na trá
ag machnamh ar laethanta eile
nuair a bhí sí rite le grá
bhraith sí áfach an uair seo
go raibh sí níos cumhachtaí
níos mó ar a suaimhneas
an t-oileán mar a bhí
na báid ag síorimeacht
is í féin ag féachaint
ar áilleacht na háite
á mealladh le clóca draíochta
bhí sí cneasaithe
a croí oscailte
ag áilleacht an lae
rón nuabheirthe
marbh ar an dtráigh
deireadh ré gan tús
is a mháthair ag faire ón uisce
eaglach roimis an daonnaí
a loit an bhreith.
tá anam an Trodaí ag caoineadh
a bháis is ag ceiliúradh athbhreith
istigh san oileán tréigthe
ina haonar.

The Warrior on the Island

The Warrior went to the island
on a fine sunny summer's day
she was among old friends
and she sat on the sand of the beach
thinking of other days
when she was away with love
she felt this time however
that she was more powerful
more at peace
the island as it was
the boats constantly going
and she herself looking
at the beauty of the place
enticing her with a magic cloak
she was healed
her heart opened
by the beauty of the day
a newborn seal
dead on the beach
and end without a beginning
its mother watching from the water
fearful of the humans
who ruined its birth.
the Warrior's soul is weeping
for its death and celebrating rebirth
in the abandoned island
on her own.

Aoine an Chéasta

Shleamhnaigh an ghealach bhuí os cionn
Chnoc na Cathrach
oíche ghaofar earraigh ar Aoine an Chéasta
bhí an Trodaí imithe le gealaigh
is radharc aici ar iomlán na leithinise
céasadh Críost ar an gcros
níor chreid an Trodaí in aon Chríost
ach taibhse a dhein rudaí deasa
ó am go chéile
is d'eitil sí i dtreo Cheann Sibéal
go gcloisfeadh sí leannán an
Fheirtéaraigh
ag olagón go híseal óna phluais
níor bhain aon Chríost lena saol
léim sí sall go Ceann Sraithe
is gháir ar an gcollaíocht a bhí aici tráth
ar bheann na cloiche
d'eitil Críost eile ina colainn
gan aithreachas Caitliceach
a lig di eitilt go hard
is go súfadh sí an dúthaigh
faoi bháthadh na gealaí báine.

Good Friday

The yellow moon slithered
over Cnoc na Cathrach
one windy spring night on Good Friday
the Warrior was for the birds
with a view of the whole peninsula
Christ crucified on a cross
the Warrior did not believe in any Christ
but a ghost who did nice things
from time to time
she flew to Ceann Sibéal
to hear the lover of Feirtéar
wailing quietly in her cove
no Christ had a place in her life
she leapt to Ceann Sraithe
and cried at the loving once had
on a rocky peak
another Christ flew in her body
without Catholic guilt
that let her fly high
that she might soak the land
under the drowning of the white moon.

Aiteas is an Trodaí

Tá an Trodaí ar leathcheann
caolsúil ar an mbóithrín beag
sobal bán an tsaoil á cheilt
mar a scaipeann scamaill
na spéire fé stiúir na gaoithe
saol ag sruthlú fén mbáisteach
ionas nach bhfeiceann sí
cúrsaí mar atá fé gheasa
is é an leanbh an t-ancaire
fios gnótha ina chúram
ach an saol eile
ar fán sa chré choimhthíoch
sa tír sin tá an ceol go hard
is sráideanna cúnga le póirseáil
i bhfad ón rud comónta
ach tá teagmháil déanta leis an rún
aiteas aigne ag meilt
gan lámh á treorú
is í ag pasáilt sa chlapsholas.

Strangeness and the Warrior

The Warrior has her head half turned
a sly eye on the narrow road
white soapiness of life concealed
as the clouds scarper
in the sky under the wind
life filtering in the rain
so she cannot see
things as if under a spell
the child is the anchor
a purpose in her stride
but the other life
wandering on foreign soil
the music is loud in that country
and narrow streets to explore
far from common ground
the secret has been touched
strange mind grinding
without a leading hand
treading hay in the twilight.

Images VII.   Rainbow Gloom

VII

Ceiliúradh / *Celebration*

Cuairt na Sí

Bain díot d'éide leapan
arsa an tsióg
ní dhéanfad, arsa mise
mar go bhfuilim ar stailc
cén stailc í seo?
arsa an tsióg
stailc na máthar
arsa mise
níor dhúisigh an lá
rómhaith dom
arsa mise
thugas ar scoil é
im éide leapan
má tá sé maith a dhóthain
don méid sin
bíodh sé maith a dhóthain
duitse a shióigín
tá'n tú faoi gheasa
arsa an tsióg
an mar sin é?
arsa mise.
tá mo lá agam
go dtína trí a chlog
is bailigh leat
mar go bhfuilim go maith
ábálta dul ar stailc
tá meáisíní agam
do gach rud
níochán triomú
cócaireacht téamh
déanamh leacht torthaí

The Fairy Visit

Take off your bedclothes
said the fairy
i won't says i
because i'm on strike
which strike is this?
says the fairy
the mother strike
says i
the day didn't dawn
too well for me
says i
i brought him to school
in my bedclothes
and if it's good enough
for that
let it be good enough
for you, little fairy
you are under a spell
said the fairy
is that right?
says i
i have my day
until three o'clock
so buzz off
because i am well able to
go on strike
i have machines
for everything
washing drying
cooking heating
liquifying fruit

doimhiníle dos na *chips*.
tá trí dhán scríte agam
ó mhaidin
mar gur stailc mhaith í seo.
táim ar mire le focail
is bailigh uaim siar thú
a shióigín bhig
seachain
arsa sise
cé thug an ghuí dhuit
ach sinne
bhuel th'anam 'on diucs
arsa mise
is dócha go bhfuil an
ceart agat

deep-fat fryer for the chips
i've written three poems
this morning
for this is a great strike
i am mad with words
so buzz off over there
little fairy
be careful
she says
who gave you the wish
but us
well, *th'anam 'on diucs*
says i
i suppose that
you're right

Corrthónach

Ní foláir go bhfuil mo
chlog ag caitheamh raithní
is go bhfuil sé cúpla uair an
chloig rómhall mar tá an lá
ag crochadh thart mar a bheadh
ceann tinn maidin Domhnaigh.
Mallacht ar an lá ainnis a
fhágann chomh corrthónach mé
suite ag an ríomhaire ag
caitheamh paidreacha chun
na bpréachán i mo ghairdín
féachaint an dtarlódh rud éigin.
Chaithfinn an lá ar an bhfón
dá mbeadh éinne a dteastódh
uaim labhairt leo ach níl.
Táim ar bior agus is deacair
dom análú leis an bplúchadh.
Tá an-*time* ag na buachalláin
bhuí a thugann bláth chuig
fásach mo gháirdín cúil.
Cuireann a ndath buí as dom inniu.
Bídís chomh dubh le mo chuid gruaige
nó le mo chuid éadaigh.
Bhí fhios agam go fo-chomhfhiosach
ar maidin go raibh an lá seo dubh.
Dubh, dubh, dubh, dubh, dubh.
Cac asail sa deep freeze a deirim
leis an lá atá tar éis iomarca ama
a chaitheamh san oigheann is
atá briosc le heaspa foighne.

Edgy

My clock appears to be
smoking dope and it's a few
hours too slow because the
day is hanging around like
a sore head on a Sunday morning.
I curse this rotten day
that leaves me so edgy
sitting at the computer
throwing prayers to the crows
in my back garden just to
see if something would happen.
I'd spend the day on the phone
if there was someone I wanted to
talk to but there isn't.
I am ready to pounce and it's
hard to breathe in this suffocation.
My weeds are having a great time
bringing me flowers in the desert
of my back garden.
Their yellow colour irritates me today
let them be as black as my hair
or my clothes.
Subconsciously I knew this
morning that this day was black.
Black, black, black, black.
Shite in the freezer I say
to this day which has spent
too much time in the oven
and is brittle with lack of patience.

Braistint

Bhraitheas inniu é ar Thráigh na Feothanaí
bhí an lá idir bháisteach
ach ghealaigh an ghrian ar an ngaineamh
is d'ardaigh tonnta meidhreacha
i gcúlseomraí mo chuimhne
bhí m'athair le braistint
bhris miongháire agus teocht ionam
maidineacha ag siúl ar an dtráigh chéanna
áit go raibh líonta
idir béal na habhann is an cuan
líonta na bhfoghlaeirí
féachaint an mbéarfaidís ar bhreac
méir fhada ag síneadh thar fhaill amach
daingean m'óige ag taibhreamh
luite siar is titim mhór síos uait
ach ba chuma leat, ba thusa an bhanríon
siúl cois faille siar go Dúinín
nó thíos ar na carraigeacha ag lag trá
léimt isteach ó ché Dhúinín
i dteannta m'athar uair
in uiscí glasghorma
gan Críostaí eile ag bun na haille
d'eitil an t-áthas uaim
nuair a bhraitheas ag imeacht é
mise suaimhneach sásta
go raibh comhluadar chomh deas agam
Domhnach sa gheimhreadh.

The Feeling

I sensed him today on Feoghanach strand
the day was between rain
but the sun brightened on the sand
and happy waves rose in the
backrooms of my mind.
I could feel my father
I smiled and felt warmth
mornings walking on that very beach
where there were nets
between the mouth of the river and the harbour
poachers' nets
seeing if they'd catch a fish
the cliff pokes out over the height
my youthful fortress where I'd dream
stretching back over the drop
like I don't care, I was the queen.
A walk along the cliffs to Dúinín
or down by the rocks if the tide was out
to leap into the water from Dúinín slip
with my father once
in blueygreen waters
without another soul at the bottom of the cliff
the happiness flew from me
as I felt him leave
I was now content and happy
having had such lovely company
on a Sunday in winter.

Anáil

Sciorrann sí tharat
Le fuadar lúfar
Go stadann de gheit
Idir oscailt is dúnadh na súl.

Imíonn le suirí
Tapaíonn le heagla
Leánn le náire
Is ceansaíonn amhrán í.

Mar leanbh chaomhnóinn í
Amhail is mé fuar marbh
D'fhágas uacht léi
Go dtiocfadh tart orm.

Is í rithim na beatha
Is í sú gaile
Amhrán an anama í
Ag déanamh Ionsaí na hInse.

Breath

It slithers by you
With an athletic hurry
Until suddenly it stops
As you'd bat an eyelid.

It disappears with lovemaking
It quickens with fear
It melts with embarrassment
And a song drives it.

As a child I'd hold it
Like a dead man
I left a will with it
Until I got thirsty.

'Tis the rhythm of the world
'Tis sucking on a cigarette
'Tis the song of the soul
Doing the Siege of Ennis.

An Boghadh Síne Gruama

Tá scamall caol ag díriú ar an mbeann
Is peidhleacáin ag rince i mo cheann
Beirthe istigh faoi lúb na dtonn
De shíoraí ag lúbadh anall is anonn
Chuirfeadh leoithne sall go Kathmandu mé
Nó sruthán amach chuig an aigéan mór mé
'Nós faoileán thuas gan talamh fúm
Tá mo chorp ar leac an fhathaigh ghruama
Casann taoide is téann amach
Ach mise teanntaithe gan teacht ná imeacht
Ní fios cén lá a thiocfaidh gile
Go gcuirfí deireadh leis an mire
Sin é mo shaol is rithim na beatha
Bheith ag tóraíocht óir fé bhogha síne daite.

Rainbow Gloom

A slim cloud heads towards the peak
And there are butterflies in my head
Caught under the curve of a wave
Constantly shifting here and there
A breeze would send me to Kathmandu
Or a stream out into the wide ocean
Like a seagull with no land below
My body lies on the plinth of the giant's gloom
Tide turns and she goes out
But I am caught neither coming nor going
Who knows what days there will be brightness
And that the madness be at its end
That is my life and the rhythm of the world
To ever seek gold under the colour of a rainbow.

Leanaí an Oileáin

D'fháisceadar ar nós an fhéir ghairbh
Leanaí an Oileáin
Scoite amach ó dhochtúirí
An nádúr a tharraing aníos iad
Dá mbeidís breoite
Chuirtí ar leabaidh tuí iad
In aice na tine
Amhail is go gcneasódh
An teas iad
Siúd leo ar leabaidh tuí
Tuairimíocht Darwin ar an Oileán
Go mbainfeadh an leanbh
Seacht mbliana d'aois amach
Ansan a thosnaigh an cleachta
Bhíodar slán.

The Island Children

They grew like the rough grass
The Island children
Away from doctors
Nature pulled them up
If they were sick
They'd be placed on a straw bed
Beside the fire
Like the heat
Would cure them
Darwinism on the Island
Until the child
Reached seven years of age
Then the fun started
They were safe.

Léinseach

Tá an fharraige ina léinseach
Idir oileán agus an mórthír.
Gileacht ghoirme an uisce
Ag mealladh na súl.
Suanradharc na leithinise
Ag geantraí go meidhreach
Is ag cur draíochta ar mo chroí.
Tá Corca Dhuibhne ar lasair
Ar chéad lá seo an Mheithimh.
Glaonn sé ar na putóga
Idir fhaill is beann is tráigh.
Tá an fharraige ina léinseach
Idir oileán agus an mórthír.

Smooth Water

The sea is smooth
Between island and mainland.
Blue brightness of the water
Enticing the eyes.
Calm view of the peninsula
Melodiously cheerful
Putting magic in my heart.
Corca Dhuibhne is alight
On this first day of June
It calls you inside
From cliff to peak to strand.
The sea is flat, calm
Between island and mainland.

Líon na Filíochta

Sleamhnaigh isteach i m'aigne,
Dubh fé ghoirme na spéire.
Tost ar feadh scaithimh,
Caithim mo shlat chun farraige
Is faighim buatais seachas breac.

Luascadh bog mo smaointe
Ar thalamh tirim.
Tá faoiseamh sa chiúnas
Ach mo líon anois lán
Le focail fhánacha.

Bailíonn an líon gach
Íomhá inmheánach ach
Tá poill le deisiú
Sula dtiteann an neomat uaim
Ar fhásach an pháir.

Tá folcadh na haibítre am bháthadh
Ach braithim teas san uisce,
Beirim gréim an bháis
Ar eas na filíochta
D'fhonn taoscán tuisceana a shú.

Fanaigí liom, a bhriathra
Is nímis a chéile fén eas.
Bia na beatha dom a gceol
Is téim ag taibhreamh
Le rithim na bhfocal.

The Net of Poetry

Slip into my mind
Black under a blue sky.
Quiet for a time,
I throw my rod to the sea
And find a boot instead of a fish.

The gentle rocking of my thoughts
On dry ground.
Respite in the silence
But my net is now full
Of abstract words.

The net catches each
Internal image but
There are holes to mend
Before the moment is lost
On the desert of the page.

I am drowning in the bath of my alphabet
But feel heat in the water
I have death's hold
On the waterfall of poetry
So as to gulp one shot of understanding.

Stay with me, words
Let us wash under the waterfall.
Their music is food for my soul
And I go, dreaming
With the rhythms.

Is é an dúiseacht seo an leigheas
Don inchinn atá chomh
Casta le mo sheanlíon.
Mar go stadann an domhan ag casadh
Nuair a bheirtear sa deireadh ar mo dhán.

Waking is the cure
For a mind that is as
Complex as my old net.
For the world stops turning
When I finally catch my poem.

La Coupole

Thochail céad míle sluasaid
Tollán an uafáis
Macalla ón sileadh uisce os do chionn
Istigh fén sliabh
Fuacht
Níos géire ná pictiúir
De ghéaga loma na bpríosúnach.
Fir ag crochadh, marbh.
Cruacha troscáin
Daoine ag miongháire
Don gceamara
Uafás.
Bhuail mearbhall tuisceana mé
Is dheineas mo shlí dall tapaidh
Amach fén aer.
Níor labhair éinne
Gach duine buailte ag
La Coupole.
Thóg na Gearmánaigh é
Chun roicéid V2
A shuaitheadh ar Londain.
Chasas ar mo sháil
Is dúras
Paidir
Dos
Na
Mairbh.

La Coupole

A hundred thousand shovels dug
The tunnel of horror
Echo of droplets from the ceiling
Inside the mountain
Cold
Sharper than the images.
Lean bones of prisoners
Men hanging.
Mounds of furniture
People smiling
For the camera
Horror.
The reality knocked me
I made my slow blind way
Out into the air.
No one spoke
Everyone hit by
La Coupole.
The Germans built it
To launch V2 rockets
On London.
I turned on my heel
And said
A
Prayer
For
The
Dead.

Tábhairne Aerach

Beola na bhfear
Faighneacha na mban
Ag stánadh orm
I gcaife aerach i Liege.
Tá boigeacht bhrónach
Sna haghaidheanna
Ar crochadh ós na fallaí.
Tóineacha fireann
Mar bheola íochtaracha na mban.
Ar nós im leáite
Gan arán.

Gay Bar

Men's lips
Women's vaginas
Staring at me
In a gay bar in Liege.
There is a soft sadness
In those hanging faces.
Mens buttocks
Like female genitalia.
Melted butter
Without bread.

Na Teangacha

Bhí trí shruthán ag sileadh
I gcluais an éisteora
Is Túr Bháibéil ar lasair le
Filíocht na bhfocal
Ag cruthú taibhrimh ilteangacha.

The Languages

There were three streams flowing
In the listener's ear
The Tower of Babel was aflame
With the song's poetry
Creating multilingual dreams.

Bus Saoire

Tá na caoirigh ag méiligh
is iad fé smacht na ngadhar,
Corca Dhuibhne fé cheo
is níl aon radharc ar
An bhFear Marbh.
Cad deirtear leo sa bhus?
Cén tslí í seo le blaiseadh
den saol a shú go smior?
Meiriceánaigh ag ceannach
cártaí poist
den íomhá a ceileadh orthu
fén mbáisteach.

Holiday Bus

The sheep are bleating
controlled by the dogs,
Corca Dhuibhne under mist
and there is no sight of
the Dead Man.
What is said on the bus?
What way is this to get a taste
and suck in our lives to the core?
Americans buying
postcards
of an image that was masked
by rain.

An Mháthair

Máthair na cruinne
í an mháthair
a fhreastalaíonn ar
uile phian a clainne
clann tógtha, socairte
fós tá sí ag fuadar
le ceist anso
agus aithníonn sí
nuair nach gcloíonn
ceol a leanaí
leis na nótaí
a leag sí síos dúinn
nuair a bhíomar beag.
Ceannaire stuama í
le meabhair fhaobhrach
a bhíonn de shíor ag
luascadh le smaointe.
Níl aon stad uirthi
an mháthair seo
tá sí uilíoch
tá sí tuisceanach
tá sí flaithiúil
is tá sí uasal.
Gnúis álainn
fiú ag cheithre scór
cuma bhreá uirthi
lá a pósta
ar nós beirt *film stars*
ar chéimeanna an eitleáin
sa phictiúr
ar fhalla an tseomra suite.

The Mother

Universal mother
is the mother
who attends to
her family's every pain
reared now and settled
still she goes
with a question here
and she knows
when her children's music
does not sound
like the notes
she laid down for us
when we were small.
A strong leader
with a sharp mind
always swaying
with ideas.
She never stops
this mother
she is universal
she is understanding
she is generous
she is noble.
A beautiful face
even at eighty
she looked so well
on her wedding day,
like two film stars
on the aeroplane steps
in the picture
on the sitting room wall.

Tá sí cráifeach
is caithfidh go dtugtar
éisteacht dá hachainí.
Creideann sí
go láidir
ach ceistíonn sí an eaglais
de shíor ag athnuachan
a gaoil leis an uile.
Tráth go raibh
míthuiscint
idir í agus an chléir
níor chuaigh sí
ar an aifreann go háitiúil
ach chuaigh sí
aduaidh.
Tá gaois ag an mbean
tuiscint atá níos doimhne
ná na blianta atá caite aici.
Diongbháilteacht dá céile
an tréith is láidre,
dá anam is dá chuimhne
tá sí dílis fós
cuma pé cruatan a tharraing an saol orthu.
Seo í an mháthair
a éisteann liom
an mháthair
a cháineann
nuair is ceart mé a cháineadh
ní ghlacfainn leis
ó éinne eile.
Sí seanmháthair mo mhic í
sí an bhean a
chuireann ar a shuaimhneas é
lena n-agallamh beirte

She is devout
and her petitions
surely are answered.
She believes
strongly
but questions the church
always renewing
her relationship with the whole.
Once when there was a
misunderstanding
between her and the church
she wouldn't go
to the local mass
but she went
beyond.
This woman has wisdom
an understanding deeper
than her years.
Steadfastness to her husband
her strongest trait
to his soul and memory
she is still true
regardless of hardship.
This is the mother
who listens to me
the mother
who criticises
when that is necessary
I wouldn't accept it
from anyone else.
She is the grandmother of my son
she is the woman
who puts him at ease
with their banter

tráthnóintí tar éis scoile
dá mbeinnse amuigh ag obair.
Tá a hanam chomh loinnireach
nach n-imeoidh sí uaim choíche
pé acu ón saol eile di
beidh sí ag cantain liom.
nuair is gá
ní féidir an spiorad láidir
a cheansú
is ní ídeoidh sé
nuair a bheidh sí
imithe uaim go saolta.
Tá uilíocht an domhain
agus an rún is daingne
sa ghrá atá agam di.
Go mbeannaí Dia í.

evenings after school
when I am at work.
Her soul is so bright
that she will never leave me
even from the other world
she will sing to me
when I need it
you can't put a good
spirit down
and it will not fade
when she
is gone from me.
The universality of the world
and the deepest secret
is my love for her.
May God bless her.

An Ghaol-Chairt

Bíonn sí romham ar an mbóthar
gach maidin ag pointe áirithe
ag brath ar a dhéanaí is atáim
an ghaol-chairt i gcónaí ann
ag beannú dom
uaireanta bím leath im chodladh
is ní bheannaím thar n-ais
ach is maith liom an beannú.
Peigí ar a slí go dtí an
Comharchumann roimh
cheathrú tar éis a naoi.

The Company Car

It's before me on the road
every morning at a certain point
depending how late I am
the company car always there
greeting me
sometimes I'm half asleep
and I don't return the greeting
but I like that greeting.
Peigí on her way to
the Co-Op
quarter past nine.

An Chailleach

Cár imigh an Chailleach
Ó chuimhne na ndaoine?
Lúfar lúbach láidir
Bean feasa is cneasa
Bean chomh críonna leis na cnoic
A d'fhág rian ar bheannaibh
Is a chuir a ladhar i ngach beart.
Minic a himríodh sí cleas
Chun fearaibh a shárú
Bhí sí deich n-uaire níos fearr
Ag gach dúshlán a leagadh roimpi.
Leigheasadh sí galair
Nár fhéad éinne eile a réiteach
Lena huisce beannaithe
Nó a luibheanna leigheasta.
Idir fhearaibh na Críostaíochta
Dheineadar í a scrios.
Is níl fágtha ach na scéalta
I mbéaloideas na leabhar.
Cár imigh an Chailleach?
Táimid bocht dá héagmais.

The Wise Woman

Where did the Wise Woman go
From people's memory?
Agile and strong
The wise woman healer
Who was as old as the hills
And left her mark on hilly peaks
Putting her hand in every turn.
She'd often play tricks
To outdo a man
She was ten times better
At any challenge laid before her.
She'd heal ailments
That no soul could
With her holy water
And her healing herbs.
But between men and Christianity
They erased her.
Now we only have the stories
In the folklore books.
Where did the Wise Woman go?
We are poorer for her absence.

Mo Hata Beag Dubh

Stól sa bheár
i gcomhluadar mo hata dhuibh.
Iontach an comhluadar hata
líonann sé spás id thimpeall,
glacann sé seasamh áirithe,
hata dubh ag suí
ar stól an bheáir i lár Raghnallach.

Dá mba nuachtán a bheadh ann
d'iarrfaí ort é bhogadh
ach le hata breá dubh
ní cheistítear tú faoi
fháth d'aonaránachais
i mbeár i lár Raghnallach.

Táimse ag suí ar stól an bheáir
is mo hata dubh i m'fhochair
compántas beirte
aitheantas ríoga
le comhrá intuigthe
gan focal eadrainn
ach tuiscint
toisc nach dtugann mo hata dubh
freagra.

My Little Black Hat

A stool in a bar
in the company of my little black hat
wonderful company a hat
it fills a space around you
it takes a certain stand
a black hat sitting
on a stool in a bar in the middle of Ranelagh

If it were a newspaper
you'd be asked to move it
but with a lovely black hat
no one questions
why you're on your own
in a bar in the middle of Ranelagh

I am sitting on a stool at the bar
and my black hat beside me
a company of two
a royal acknowledgement
my hat and I
with an implicit conversation
without saying a word
except understanding
because my black hat doesn't
answer.

Taise

Ní trua ach taise
comhthuiscint uilíoch
ag cur leighis ar shúil mo mháthar
chím na blianta i scáth a himrisc
ceithre fichid ag tabhairt uaithi
corp ag crapadh
ach lasair ina súil
magadh na seanaoise
cimlím a ceann is mé ag ní
a cuid gruaige
na ribí leochaileacha
ar fholt a bhí teann dubh tráth
liathacht deireadh ré
malartú ról na freagrachta
sa chupán tae a ólann sí sa leabaidh
an oíche ag crochadh uaithi
a gnúis álainn faoi mhapa línte
blaisim a bacainneacht
leis an saol atá ag sciorradh uaithi
ní trua ach taise
is míle bliain in aon fhéachaint.

Compassion

Not pity but compassion
universal understanding
putting medicine in my mother's eye
I see the years in the shadow of her iris
eighty years giving
a body receding
but there is a spark of intellect
in her pupil
old age mocking
I rub her head as I wash her hair
those fragile strands
of a mane that was deep black once
the greyness of an era's end
switching the role of responsibility
with the cup of tea she drinks
in bed
her beautiful face mapped with lines
I taste her frustration
with a life that is sweeping by her
not pity but compassion
and a thousand years in one glance.

Tobar Ghobnatan

Bhí na préacháin ag rince
ar bharraíocha na gcrann
in aice an tsrutháin
ag Tobar Ghobnatan
d'ól sí a dóthain
is tháinig dúiseacht inti
tráthnóna is na préacháin
ag rince ar bharraíocha
na gcrann
ag Tobar Ghobnatan.

St. Gobnait's Well

The crows were dancing
on the treetops
near the stream
at the well of St. Gobnait
she drank her fill
and it awakened her
on an evening when
the crows were dancing
on the treetops
at the well of St. Gobnait.

Samhradh '07

Droch-Lúnasa a bhí ann
Drochshamhradh
Is gan dhá lá againn
Ar an dtráigh
Ó cheann ceann na míosa
Is fada é an geimhreadh
Gan samhradh
Chun aerú fén ngrian
Is baisteadh fén uisce
Faic ach gaoth
Báisteach agus ceo
Cuairteoirí is stólta arda
Mallacht ar an aimsir
Is ní fada anois
Go n-osclóidh doras na scoile.

Summer '07

It was a bad August
A bad summer
Without two days
On the beach
From one end of the month
To the other
Winter is long
Without summer
To aereate under the sun
And be baptised under water
Nothing but wind
Rain and mist
Visitors and high stools
A curse on the weather
It won't be long
Until the school doors open.

Ceo Tí

do Carol Cronin

Tá an tigh te le toit
Fuinneamh na colainne
Ag spleodar san aer
An fhuaim níos mó
Ná an tigh é féin
Fiacla bána sa tsolas
Rithim ag puimpeáil
Is cnámha ag luascadh
Anáil fhada ar an mbreosla
Is imíonn an t-urlár
As a mheabhair
Le gliondar is cairdeas
Titeann maidin ar an lá
Is táimid fós ag imeacht
Nuair a shoilsíonn grian
Ar Inis Tuaisceart

House Mist

for Carol Cronin

The house is hot with smoke
The body's energy
Splendouring in the air
The sound greater
Than the house itself
White teeth in the light
Rhythm pumping
And bones swaying
Long take on the fuel
And the dancefloor
Goes mad
With delight and friendship
Morning falls upon the day
And we are still going
When the sun shines
On Inis Tuaisceart

Cíoch na Caillí

Brothall
Is brístí gearra
Ar chosa bána
Muinchillí gearra
Is sciorta ard.
Ag teacht thar n-ais dom
Bhuail sé mé
Ná raibh aon áit ar domhan
Chomh deas le leithinis Chorca Dhuibhne
Báite fen ngréin.
Fuaireas mo chéad radharc
Ar bharra Chruach Mhárthain
Is d'ardaigh mo chroí.
Isteach i dtreo bhreith na hoíche
Suite im ghairdín
Déanann deatach an bhairbiciú
Ceobhrán sa chlapsholas.
Deoch fhuar im láimh
Is mo mhac ag rince
Ag fáiltiú roimis an dorchadas.
Tá an Fiach ag stánadh orm
In íor na spéire
Beannaím di
Is ithim mo bhéile
Blas an nádúir ar an bhfeoil.
Suan
'Ge baile.
Imím ag fiach
Mar a dheineadh Trodaithe
Le gluaiseacht na mbandéithe
Rite ó thalamh méith

The Witch's Tit

Fine weather
And short pants
On white legs
Short sleeves
And a high skirt.
Coming back
It struck me
That there was no place on earth
Like West Kerry
Soaked under the sun.
I got my first glimpse
Of the top of Cruach Mhárthain
And my heart soared.
Towards the birth of the night
Sitting in my garden
The barbecue smokes
A mist in the twilight.
A cool drink in my hand
And my son is dancing
Welcoming the darkness.
The Raven stares at me
From the horizon
I greet her
And eat my meal
Nature's taste on the meat.
Peace
At home.
I go hunting
Like Warriors did
The movement of the goddesses
Run from fine land

Go tíortha coimhthíocha
Idir iontas is gliondar.
Ach ag an bhféasta
Níl scian ná forc
An dún daingnithe
Is suaimhneas i réim
Débhríochas na mban
An t-inneall breise seo
Ag oibriú sa cheann
De shíor
Is deise sinn i measc mnáibh.
Is sinne rian na talún
Is sinne cruth na baineannachta
Is sinne rian na colainne
Ár bhfáisceadh
Ar gach uile thaobh
Táimse ag tál na cíche
A dheineann buaic sléibhe
Cíoch na Caillí
A tugtaí air tráth
Barra Chruach Mhárthain
Mo shliabhsa
Mo bhaile.
Ní cíoch caillí
Ach cíoch ó álainn
Buaic na sléibhe
Buaic na baineannachta
Ag faire anuas orm.

Into strange countries
Between wonder and delight.
But at the feast
There's no knife or fork
The fortress strengthened
And peace reigns.
This extra engine
Working in the mind
Always
We are indeed fairer among women.
We are the trace of the land
We are the feminine shape
We are the shape of the body
Embracing us
From every side.
I am suckling the breast
That makes a mountain's peak
The Witch's Tit
They once called it
The top of Cruach Mhárthain.
My mountain
My home.
It's not a witch's tit
Mountain peak
Peak of femininity
Looking down on me.

Cogadh na hIaráice i dTigh Dick Mack

Fliuch, gránna, gaofar, ainnis
Lá geimhridh sa Daingean
Caite ar théiteoir i dTigh Dick Mack
Meiriceánaigh ar teitheadh
An sórt nach maith leo Bush
Fógraím cúis cheiliúrtha
Is ceannaíonn siad deoch dom
Tá braon anuas is gaoth isteach
Gach doras ag clagarnach
Mo lámha ar mo *Bhailey's coffee*
Ag éisteacht le cosaint cine
Pléimid na marbh san Iaráic
Is ciúnaíonn an tigh
Thugas fén ndoras
Fén lá fliuch, gránna, gaofar, ainnis.

The Iraq War in Dick Mack's

Wet, horrid, windy and wretched
On a winter's day in Dingle
Thrown on a heater in Dick Mack's
Americans on the run
The type that don't like Bush
I declare a celebration
And they buy a drink for me
There is a drop down and an inward draft
Every door is rattling
My hands on my Bailey's coffee
Listening to the defence of a race
We discuss the dead in Iraq
And the house quietens
I headed for the door
Under the wet, horrid, windy, wretched day.

Jake

do Jake McKenna

Braitheann sé an spás idir scamaill
Is tá a réiltín féinig aige
Ar Bhealach na Bó Finne
Buachaillín óg seo na Sí
A fheiceann go doimhin
Tré shúile a mhuintire
Ag seinm a phoirt féin
Le rithim osnádúrtha
Mar tá a sprid chomh láidir sin
Gur dóigh leat go raibh croí rúnda aige
A bronnadh air mar ghradam
Ó sprideanna an aeir.
Maireann sé i gclapsholas an tsaoil
Le ceacht a mhúineadh
Dúinne na daill.
Chomh mór sin an grá uaidh
Ar nós gathanna gréine lá brothallach
Go n-umhlaímid roimis a mhaitheasa
Is cuirimid póigín ar a éadan
Chun sinn a leigheas
Sinne nach gcloiseann ceol na gaoithe.
Is tú an tseoid
Is tú an t-anam ceilte
Is aineolaigh sinn dod cheol
Ach nuair a lasann an splanc
Chun sinn a chónascadh
Is beannaithe sinn tríotsa
A bhraitheann an spás idir scamaill.

Jake

for Jake McKenna

He feels the space between clouds
And he has his own star
On the Milky Way
This young boy of the Sí
Who sees so deeply
Through the eyes of his family
Playing his own tune
With a supernatural rhythm.
For his spirit is so strong
You'd think he had a secret heart
Bestowed upon him as a prize
From the spirits of the air.
He lives in the twilight of life
To teach a lesson
To us the blind.
So great is the love from him
Like rays of the sun on a fine day
That we bow to his goodness
And place a kiss on his brow
To cure ourselves
We who do not hear the song of the wind.
You are the jewel
You are the hidden soul
We are ignorant of your music
But when the spark ignites
To make us one
We are blessed through you
Who feels the space between clouds.

Oíche Spéire

Scamall ag claochlú na gealaí
Cuirtín déanta de lása spéire
Ar fhuinneog na hoíche
Donnbhuí leis an earrach
Ní chodlófar anocht
Ag aiteas is scáthanna
Coinneal ar an mbord
An ghealach inmheánach
Ag caitheamh loinnireach ina shúile
Oíche fén dtor
Ag éisteacht
Le gormachaí Mhississippi
Cuan
Ag síneadh ar bhóthar órga
Frithchaite lena cosa
Is réiltíní lonracha
Ag rince sa bhfásach buíbhán.

Night Sky

Cloud transforming the moon
A curtain of sky lace
On the window of the night
Yellow brown with spring
No sleep tonight
With strangeness and reflections
A candle on the table
The internal moon
Throwing a spark in his eye
A night in the bushes
Listening
To Mississippi Blues
A bay
Stretching on a golden road
Reflected at its feet
And bright stars
Dancing in a desert of yellow white.

Tráthnóna Lae Nollag

Chas Dia an geimhreadh ina
bhrothall
tráthnóna Lae Nollag
i gCorca Dhuibhne
lonraigh an dúthaigh féna áilleacht
Cnoc Bhréanainn faoi scáth bándearg
Tráigh Bhéal Bán ina shamhradh
áit a siúlann athair lena mhac
gadhar ag rith i ndiaidh na
bhfaoileán
is Daidí na Nollag ar a shlí
thiar 'ge baile tá an tine thíos
is bronntanais an áthais
suite go sceitimíneach
faoi chrann na Nollag.
Beidh a phluca breá dearg
nuair a fhilleann sé
is beidh gliondar ins an tigh
nuair a thiocfaidh lán an mhála
ón litir a sheol sé
go dtí an Mol Thuaidh
draíocht na scéalta
gur ith Santy ceapaire
agus braon bainne
don réinfhia
anocht raghad ar an
aifreann
áit a gcanfar carúil
sa pharóiste coimhthíoch
an séipéal inar chuas
fé lámh an easpaig

The Eve of Christmas Day

God turned winter into
a fine day
on the eve of Christmas Day
in Corca Dhuibhne
the place shone with beauty
a pink shadow on Mount Brandon
and a summer's day on Béal Bán Beach
where a father walks with his son
a dog running after
seagulls
and Santy on his way
over at home a fire is down
and the presents of delight
sitting excitedly
under the Christmas tree
his cheeks will be rosy red
when he gets back
and there will be delight in the house
when a sackful
of his requests from the letter
he sent to the North Pole
the magic of the story
that Santy ate a sandwich
and a drop of milk
for reindeer
tonight I will go to
mass
where carols will be sung
in the strange parish
the church
of my confirmation

na blianta págánacha
fada ó shin
tráthnóna Lae Nollag
is gach fuinneog oscailte
dos na sprideanna
a d'eitleodh isteach.

all those pagan years ago
the eve of Christmas Day
and every window is open
for the spirits
to fly their way in.

VIII

Ag Taisteal san Eoraip

Travelling in Europe

Aerfort Strasbourg

Nuair a thit na réalta ar mo chodladh
Bhí cnuasach gearrscannán
Ag cleasaíocht le mo shamhlaíocht
A thug go dtí an spás idir scamaill mé
Splancanna daite ag insint scéalta
Is mé ag luí go cruaidh
Ar leaba pónairí san aerfort.
Idir na scamaill
Chuala guthanna tapaidh Francacha
Do mo thuirlingt de gheit
Thar n-ais isteach sa lá.
Thit na scéalta amach as mo bhéal
Is dhírigh mo shúile ar an
dTranglam daoine a dhúisigh mé.
Go tobann bhí na híomhánna marbh
Is chaoin mé iad go ciúin
Finscéalta na broinne
A thug faoiseamh do mo chroí
Ó eitiltí ar ceal
Agus lá fada ag fanacht
Fé chiumhaiseanna leabhair
Go n-imeod ón áit dhamanta seo
Le haisling a sheolfadh abhaile mé.

Strasbourg Airport

When the stars fell on my sleep
There was a collection of short films
Playing with my imagination
That brought me to the space between clouds
Coloured flashes telling stories
As I lay hard
On a bed of peas in the airport.
Between clouds
I heard the fast French voices
Making me descend suddenly
Back into the day.
The stories fell from my mouth
And my eyes focused
On the bustle that woke me.
Suddenly the images were dead
And I mourned them quietly
Tales from the womb
That gave respite to my heart
From cancelled flights
To a long day waiting
Between the edges of a book
That I might leave this damned place
With a vision that would send me home.

Am ag Fanacht

Díomhaoin
Ag faire ar na daoine
Am
Ag sciorradh go mall
Go bhfaighidh mé eitilt
Amach as an áit seo
Teas marbhánta cathrach
Ag brú síos orm
Anocht
Bead i mBaile Átha Cliath
Céim amháin ó bhaile
Áit ina bhfuil na daoine muinteartha;
Anso sa Bhruiséil
Níl ann ach *suits* is obair
Mise ag suí lasmuigh
Ag faire ar m'uaireadóir
Go n-imeodh an t-am de gheit
Is go mbeinn iomlán arís.

Waiting Time

Idle
Watching the people
Time
Passing slowly
Until I get a flight
Out of this place
Deadening city heat
Pressuring down on me
Tonight
I'll be in Dublin
One step from home
Where the people are friendly;
Here in Brussels
It's just suits and work
I'm sitting outside
Looking at my watch
Wishing that time would suddenly pass
And I was whole again.

An tÉan

Oíche chomhluadair
I measc ateangairí
Sileann teangacha
Óna mbéal
Ar nós im ag leá;
Braithim bacach
Le dhá theanga
Ina measc
Saol éagsúil
Le máithreachas
An Bhuailtín
Éan
Ag eitilt
Ar leathsciathán.

The Bird

A night of company
Among interpreters
Languages flow from
Their mouths
Like melting butter;
I feel lame
With two languages
In their company
A different life
To the motherhood
Of Ballyferriter
A bird
Flying
On one wing.

An Treoraí

Fánaí aonair an treoraí
I bhfásach Theach na Parlaiminte
Mícreashlis ina cheann
A thugann fios treo dó
Tá an foirgneamh seo
Ag cur speabhraídí orm
Gan fios treo ná urlár
Go dtagann sé lena lámh
Bheag ag pointeáil *à droit*
Ou à gauche go sroistear ceann scríbe.
Díbeartach é ó Éire an Tíogair Cheiltigh
Deich mbliana sa Bhruiséil
Ina threoraí i bParlaimint
An Aontais Eorpaigh
Ag beannú do mhná áille
Is ag tabhairt na gcaorach abhaile.

The Usher

A lost wandering soul the usher
In the jungle of the Parliament
A microchip in his head
That lets him know where he's going
This building
Is driving me mad
Which direction, which floor
Until he comes with his hand
Pointing *à droit ou à gauche*
Until destination has been reached.
An exile of Ireland's Celtic Tiger
Ten years in Brussels
As an usher in the European Parliament
Greeting beautiful women
And bringing the sheep home.

An Tríú Lá

Tá eala ar an abhainn
Is braithim ar nós Chlann Lir
In uiscí fuara na hEorpa
Ní scaoilfear an gheis
Is caithfead mo cheann a chur fé
Gan aird ar leadránachas mo cheird.
Tá eala ar an abhainn
Codarsnacht bhán leis an ndubh
Ag ól caife láidir gan stad
Mo chuid néaróg ar bís
Ag brú na Parlaiminte.
Seol abhaile mé, a eala bháin
Go bhfeicfinn mo bhuachaillín óg
Go mblaisfinn aer folláin
Go gcloisfinn Gaolainn mo chroí
In áit glórtha coimhthíocha
Táim ag fáil bháis, a eala
Is braithim go bhfuilim ar deoraíocht
Le trí chéad bliain.

Day 3

There is a swan on the river
And I feel like Clann Lir
In cold European waters
The spell will not be broken
And I must put my head down
Ignoring the tediousness of my craft.
There is a swan on the river
Stark contrast of white on black
Drinking endless cups of strong coffee
My nerves are jangling
Under Parliamentary pressure.
Send me home, white swan
That I might see my little boy
That I might taste fresh air
And hear the Irish of my heart
Instead of these foreign utterings
I am dying, o swan
And I feel as if I have been in exile
For three hundred years.

Báisteach i l'Homme de Fer

Deora Dé go flúirseach
Ar shráideanna na cathrach
Ag rince go lonrach
Mar a bheidís ag iarraidh
Léimt thar n-ais sna flaithis
In aon iarracht draíochtúil amháin
Bolgáin ag pléascadh
Chomh tapaidh le himirt súile
Ar línte iarainn na dtramanna
A bhogann le cuar álainn
I dtreo a gceann scríbe
Scáthanna fearthainne ildaite
Ag rince seite fén mbáisteach
A thiteann go ciúin
Ó ghol Dé
Is briseadh croí an aonaránaigh.

Rain in l'Homme de Fer

A multitude of God's tears
On the city streets
Dancing brilliantly
As if they were trying
To leap back to the heavens
In one magical effort
Bubbles bursting
As quick as the blink of an eye
On the iron tramlines
Which move with a beautiful curve
To their destination
Multicoloured umbrellas
Dancing a set in the rain
That falls quietly
From God's crying
Breaking the heart of the loner.

Balbh sa Bhruiséil

Balbh sa Bhruiséil
An dán i bhfolach sráide
Ní rinceann an ghrian ar m'éadan
Go dtagann dorchadas chugham
Ó dhuibheagán na cruthaitheachta.
Níl fiú préachán ag rince
Ná gabhar á róstadh;
Táim ag snámh sna clocha
Ag labhairt teanga choimhthíoch
Gan comhluadar i measc na marbh,
Ní duine mé ach neach
Abhus i dtaibhreamh
Go ndúiseod sa bhaile
Áit a ghealann an ghrian sa bháisteach.

Dumb in Brussels

Dumb in Brussels
The poem hiding in the street
No sun dancing on my forehead
Until darkness comes
From the creative abyss.
Not even a crow dances
Or a roasting goat;
I swim in the stones
Speaking a strange tongue
Without company among the dead,
I'm not a person but a being
Astray in a dream
Until I wake at home
Where the sun shines in the rain.

Béile i Strasbourg

Scian fhaobhrach a tugadh dom
Sa bhialann bheag Iodálach i Strasbourg
A ghearrann tré fheoil na Gaolainne
Le snas Bhéarla an ateangaire.
Pastis le n-ól mar ghreadóg
Blas comhthíoch mar a bhí
Ar theanga an fheisire Éireannaigh.
Is ansa liom m'aonaránachas
Tar éis fíochmhaireacht foirne
Iachall ar mo theanga fanacht ina tost
Daoine cúramacha lucht na Parlaiminte
Nach bhfuil cleachtaithe ar mo ghnáthspleodar.
Ar nós breac gan uisce
Táimse ag snámh in aghaidh easa
Seachas mo thumadán pearsanta
A léiríonn gileacht mo chuid cáilíochtaí
Curtha fé theist an tseisiúin Pharlaiminte.
Lá fada oibre curtha díom i gcomhluadar
Sona anso go ciúin i m'aonar
Bean ghairmiúil ag ithe béile go déanach
Sula ngearrtar scian teangan an lae amáirigh.

A Meal in Strasbourg

I was given a sharp knife
In the little Italian restaurant in Strasbourg
That cut through the Irish language
With the interpreter's English polish.
Drinking an aperitif of *pastis*
With its strange taste like that
Of the Irish MEP's speaking Irish.
I covet my isolation
After the fierceness of the team
My tongue forced to be quiet
These Parliamentarians are careful people
Not accustomed to my natural vigour.
Like a fish out of water
I swim against the tide
Except for my personal immersion tank
That shows the brightness of my abilities
Put under the test of a Parliament session.
I've had a long day in company
Content here quietly on my own
A professional woman eating a late meal
Before tomorrow's cutting of the linguistic tongue.

Bricfeast san Iarnóin

Bricfeast san iarnóin i mbaile Francach
Blas an *allongé* dhuibh the ar mo bheola
Poll i mo ghoile tar éis iomarca codlata
Is CNN ag bodhrú mo chluasa
Atá mall ag éisteacht leis an dteanga
Nach bhfuil ar mo thoil fós agam.
Grian ag scalladh chlocha an earraigh
Spéaclaí dubha am cheilt
Is mé sásta bheith abhus
Ó ghaoth is fearthainn an bhaile.
Tá deatach toitíní mórthimpeall
Ar mo shailéad de shicín bogthe
Ó, nach aoibhinn an toit is an caife
I bhfad ó dhlíthe coiscthe na hÉireann.

Afternoon Breakfast

Afternoon breakfast in a French town
The taste of the hot black *allongé* on my lips
A hole in my stomach after too much sleep
And CNN deafening my ears
That are slow to listen to the language
I am still not quite fluent in.
Sun splitting the spring stones
Sunglasses to hide behind
And I am happy to be away
From the wind and rain of home.
Cigarette smoke everywhere
Around my warm chicken salad
Oh, how wonderful the smoke and coffee
Far from the prohibitive laws of Ireland.

Ilteangachas

Ceol teangan sa chluais
Briathra coimhthíocha
Ón tSualainn, an Mhailt
An Eastóin, Laitvia, an Iodáil
Trí theanga is fiche
Is Gaolainn bhinn bhlasta
Ina measc
Ar comhchéim ag gach
Cor is casadh
Ar urlár na Parlaiminte.
Fiafraíonn bean ón Rómáin
An canúint den Bhéarla
An ceol atá ina cluais
Ní hea ach mo theanga dhúchais
A deirim
Is uaibhreas i mo ghlór.

Multilingualism

The music of language in my ear
Foreign verbs of
Swedish, Maltese
Estonian, Latvian and Italian
Twenty-three languages
And melodious sweet Irish
In their midst
On equal footing
At every turn
On the Parliament floor.
A Romanian woman asks
If it is not a dialect of English
She hears in her ears
No, it's my native tongue
I say
With pride in my voice.

Place de l'Homme de Fer

Tá fuadar fés na daoine
I bPlace de l'Homme de Fer
Ruaille buaille na dtramanna
Is leanaí ag béicigh i bpramanna
Cairde ag crochadh timpeall
Is gaoth samhraidh ag séideadh
Suím os comhair caife
Le mo ghloine bheorach
Is mo thoitín
Ní chífeá ar an mBuailtín é
Is mé go sásta
Bheith i bhfad ó bhaile.

Place de l'Homme de Fer

The people are bustling
In Place de l'Homme de Fer
The racket of the trams
And children screaming in prams
Friends hang out
And a summer wind blows
I sit in front of a café
With my glass of beer
And my cigarette
You wouldn't get it in Ballyferriter
And I am happily content
To be far away from home.

Rue Barb

Snagcheol ar chúinne sráide
Ag cur doird san aer
Imíonn siad ó shráid go sráid
Ag seinm giotár is sacs
Chun pinginí a bhailiú
Ó mhuintir na gcaifí
Ag ól is ag caitheamh
Amuigh san oíche
Tá an chathair ag méanfach
Le deireadh samhraidh
Is brothall an fhómhair
T-léinte is gúnaí gearra
Ar mhuintir na háite
Coinnle ar na boird lasmuigh
Sna sráideanna beaga cúnga
A insíonn scéalta dom
I mo bhaile altramais.

Rue Barb

Jazz on a street corner
Reverberates in the air
They go from street to street
Playing guitar and sax
Collecting pennies
From the café crowd
Drinking and smoking
Out in the night
The city is yawning
With summer's end
And the good weather of autumn
T-shirts and short dresses
On the locals
Candles on the outside tables
In the narrow little streets
That tell me stories
In my adopted town.

Sióga Phlás Gutenberg

do Anna Mhic Laifeartaigh

Míle sióigín beag ag glioscarnach
Ar ghéaga corcra na gcrann
I bPlás Gutenberg i Strasbourg.
Gach géag ag luascadh
Le ceol na gaoithe sa dorchadas.
Cogarnaíl na sí
Go bhfeiceann siad an daonnaí
Seasta fé gheasa sa chearnóg
Áit a dtairiscíonn siad doras
Isteach sa lios.
A gcuid sciathán ar lasair
Is rince na sióg ag preabarnach
Go dtugaim céim ina dtreo
Leis an oíche a chaitheamh leo.
Bhronnadar brat spleodrach gorm orm
Is chaitheamar an oíche ag rince
Go dtí gur dhúisigh mé fé bhun na gcrann
Na réiltíní caite anois
Is maidin liath báistí romham
Thar thairseach na draíochta
Fuar, nocht isteach sa chathair.

The Fairies of Place Gutenberg

for Anna Mhic Laifeartaigh

A thousand little fairies glistening
On the purple limbs of the tree
In Place Gutenberg in Strasbourg.
Each branch swaying
To the wind's music in the darkness.
The whispering of the *sí*
Till they saw the human
Standing spellbound in the square
Where they offer a door
Into the *lios*.
Their wings aflame
And the dance of the *sí* pulsating
Till I took a step toward them.
They gave me a splendorous blue cloak
And we spent the night dancing
Until I woke at the foot of the tree
The lights spent now
And a grey rainy morning beckoned
Over the threshold of magic
Cold, naked into the city.

Swan Bar

Thar n-ais sa Swan Bar
Is níl aon teora le taithí
Soilse na Parlaiminte
Ag glioscarnach san abhainn
Is solas an lae ag ídiú
Ar thús mo lae oibrese
An lá caite ag siúl na sráideanna
Ag éisteacht le glór na teangan
Suite sna *brasseries* bheaga
Ag faire ar na daoine.
Anocht chífead an mbeidh
Glórtha na Gaolainne le clos
Go míneod a mbriartha
Ag tabhairt cúis do mo lá
Is an dara craiceann ag fás orm
Fé anál na hEorpa.

Swan Bar

Back in the Swan Bar
There's nothing like experience
The lights of the Parliament
Glistening in the river
With the fading light
At the start of my working day
A day spent wandering the streets
Listening to the sounds of language
Sitting in tiny brasseries
Watching the people.
Tonight I will see if
The sounds of Irish will be heard
So I can explain their meaning
Giving reason to the day
While my second skin grows
Under the shadow of Europe.

Tuirse

Dúisím róluath
Sa seomra óstáin
Is tógann sé cúpla neomat orm
An suíomh a aithint
Tá sé luath ar maidin
Is níl mo chloigín ag bualadh
Téim thar n-ais a chodladh
Le dúiseacht arís
An uair seo
Bíonn toitín agam
Is mé ag méanfach
Trí uair róluath
Táim traochta den ndúiseacht
Is éirím ar feadh tamaill
Go meallann tuirse
Thar n-ais sa leabaidh mé
Codladh coimhthíoch
I dtír eachtrannach.

Tiredness

I wake too early
In the hotel room
And it takes me a couple of minutes
To recognize my surroundings
It's early morning
And my alarm is not ringing
I go back to sleep
Only to wake again
This time
I have a cigarette
As I yawn
Three hours too early
I'm tired of waking
Until tiredness entices me
Back into bed
Strange sleep
In a foreign country.

Oíche Dhubh

Oíche dhorcha fhada
An clog ag fógairt
Neomaítí is soicindí malla
Mar a bheadh téad iarainn
Ar mo shúile oscailte.
Sciorrann an t-am go mall
Útamáil na n-éadaí leapan
Cogadh crosta leis an bpiliúr
Glór sruthlaithe an uisce
Ag déanamh airneáin liom.
Tuirse ar nós tochais
Ná féidir liom cur díom
Gealann an lá
Is éirím
Torrach le heaspa codlata
Is iompraím m'ualach
Isteach ag obair
Go n-ólaim trí chupán caife
Ag cur dubh ar an ndubh eile.

Black Night

A long dark night
The clock announcing
Slow minutes and seconds
Like there is an iron rope
On my open eyes.
Time passes slowly
Fussing with bedclothes
A cross war with the pillow
The sound of running water
Keeping me company.
Tiredness like an itch
I can't get rid of
The day dawns
And I rise
Pregnant with lack of sleep
I carry my load
Into work
And drink three cups of coffee
Putting black on more blackness.

Grian i Strasbourg

Teas marbh cathrach
Ag scalladh na gcloch
Scáileanna i spéaclaí gréine
I measc Eorpaigh na Parlaiminte
'Ge baile tá sé scamallach
'Ge baile tá sé fliuch
Léim nuacht RTÉ
Ar an bhfón póca
Níl eadrainn ach cnaipe
Is cúpla míle míle
Táim ar thóir na gréine
Sa chathair eachtrannach seo
Ag comhaireamh na laethanta
Go raghad abhaile.

Sun in Strasbourg

Dry city heat
Splitting the stones
Reflections in sunglasses
Among European Parliamentarians
At home it is cloudy
At home it is wet
I read RTÉ news
On my mobile
A button between us
And a few thousand miles
I seek the sun
In this foreign city
Counting the days
Until I can return home.

Ag bualadh le Joyce i Trieste

Maidin fhómhair i Trieste
Gaoth bhog ag séideadh
Is an ghrian ag taitneamh
Siúlaim thar dhroichead
Os cionn na canálach
In aice an mhargaidh
Is tá dealbh Joyce
Ag siúl chugham
Na spéaclaí aitheanta
Ar a chaincín
Cathair cois farraige
Is siúl fada lena hais
Maidin fhómhair i Trieste
Is gaoth bhog ag séideadh.

Meeting Joyce in Trieste

An autumn morning in Trieste
A soft wind blows
And the sun is shining
I walk over a bridge
On the canal
Near the market
And Joyce's statue
Walks towards me
The familiar glasses
Perched on his nose
A city by the sea
And a long walk on the prom
Autumn morning in Trieste
And a soft wind blows.